刘月兰 ◎ 著

新建地方本科师范院校人才
培养质量保障体系研究

XINJIAN DIFANG BENKE SHIFAN
YUANXIAO RENCAI
PEIYANG ZHILIANG BAOZHANG TIXI YANJIU

电子科技大学出版社
University of Electronic Science and Technology of China Press

· 成都 ·

图书在版编目（CIP）数据

新建地方本科师范院校人才培养质量保障体系研究 /
刘月兰著. — 成都：电子科技大学出版社，2023.9
ISBN 978-7-5770-0514-0

Ⅰ.①新… Ⅱ.①刘… Ⅲ.①地方高校—高等师范院
校—人才培养—保障体系—研究—中国 Ⅳ.①G655.1

中国国家版本馆 CIP 数据核字（2023）第 158866 号

新建地方本科师范院校人才培养质量保障体系研究

XINJIAN DIFANG BENKE SHIFAN YUANXIAO RENCAI PEIYANG ZHILIANG BAOZHANG TIXI YANJIU

刘月兰　著

策划编辑　李燕芩
责任编辑　李燕芩

出版发行　电子科技大学出版社
　　　　　成都市一环路东一段159号电子信息产业大厦九楼　邮编 610051
主　　页　www.uestcp.com.cn
服务电话　028-83203399
邮购电话　028-83201495

印　　刷　四川煤田地质制图印务有限责任公司
成品尺寸　170mm×240mm
印　　张　13
字　　数　200千字
版　　次　2023年9月第1版
印　　次　2023年9月第1次印刷
书　　号　ISBN 978-7-5770-0514-0
定　　价　68.00元

前　　言

党的二十大报告吹响了建设教育强国的号角，教师教学质量是建设教育强国、科技强国和人才强国的关键发力点，师范教育作为培养教师的主要力量需要承担起更加强大的基础性支撑作用。落实师范专业认证要求，规范师范类专业建设，建立健全教师教育人才培养质量保障体系，不断提高教师培养质量，既是教育强国的国家战略要求，也是新时代高质量发展战略背景下高等师范院校的职责与使命所在。

目前，很多新建地方本科师范院校是20世纪末在高校扩招政策引导下，由一批师范专科、成人本科等院校通过合并、转制升本而来。自1999年以来，通过这种方式升本的师范类院校共有65所，占全国本科师范院校的54.17%。升本之初，为了生存发展，追求规模效益，这些院校在专业建设上大多模仿传统师范大学的做法，大多向综合化发展。2015年，教育部等三部委联合印发了《关于引导部分地方普通本科高校向应用型转变的指导意见》，在此政策引导下，这些院校又迅速投入"应用型"转型，借此机遇，短期内增设了大量非师范（应用型）专业。"从专科到本科"，再从"普通本科到应用本科"的两次转型中，一些院校忽略了自身办学基础和长期积淀的师范学校的办学优势，将有限的人力、财力、物力投入应用型专业建设，出现了师范专业被边缘化、师范性弱化等现象。受制于办学理念、办学基础与条件、办学经费、师资力量等方面的限制，短时间内，在连续急转弯与路径依赖形成的组织惯性之间催生了矛盾。一些院校在发展中出现了办学定位与办学行为错位、人才培养与社会需求脱节等诸多问题，影响了人才培养质量。因此，作为新建地方本科师范院校，肩负为基础教育培养"四有"好老师的时代使命，必须强化师范专业内涵建设，加强人才培养质量保障体系建设，保证人才培养质量，满足地方对高质量师资的需求，为国家高质量发展战略提供高质量人才支撑。

本书以高等教育新时代高质量发展观、国家实施"五位一体"本科教学评估制度等相关政策要求为背景，秉承"保证—促进—提升"的价值理念，探索新建地方本科师范院校人才培养质量保障体系建设的思路、方法和基本内容。本书主要内容有七章：第一章是本研究的逻辑前提与基础，第二章是研究对象的现实基础，第三章是在前两部分基础上探索新建地方本科师范院校的人才培养质量保障框架体系，第四、五、六章是对人才培养质量保障体系框架的分解和延伸，第七章是探索新建地方本科师范院校人才培养质量提升的内驱力。

本书成书过程中，参考了许多专家学者的研究成果，虽然已经尽力做出了比较详细的注释，但难免有挂一漏万之虞，在此一并表示诚挚的感谢！尽管得益于各方面的支持与帮助，但限于笔者学识水平和研究能力，书中之纰漏和不足敬请各位同仁不吝赐教！

刘月兰

2023 年 5 月

目 录
MU LU

第一章
高等教育质量与保障概述

21世纪以来，高等教育质量与质量保障问题日渐成为各国高等教育政策以及国际学术研究的关键词。随着高等教育由精英教育逐步向大众化和普及化的推进，对高等教育更高质量的诉求一直是人们关注的焦点，因此，如何保障及提高高等教育质量成为世界各国普遍关心的问题。

第一节　教育质量内涵及相关概念

一、质量

关于"质量"一词的含义，《汉语大词典》解释为："事物、产品或工作的优劣程度。"①《现代汉语词典》解释为"产品或工作的优劣程度"②。从哲学的角度上来讲，认为质是指事物区别于其他事物的内在规定性；量指事物的规模、程度、大小等特征，表现为数量的规定性。

美国质量管理专家朱兰（J.M.Juran）从用户的角度出发，提出了"产品质量就是产品的适用性"，即产品在使用时能满足用户需要的程度。ISO8402质量术语对质量的定义是：反映实体满足明确或隐含需要能量的特性总和。国际标准化组织（ISO）颁布的ISO9000：2005《质量管理体系基础和术语》中将质量

---

① 汉语大词典编辑委员会.汉语大词典普及本[Z].上海：汉语大词典出版社，2000：1635.
② 中国社会科学院语言研究所词典编辑室.现代汉语词典[Z].北京：商务印书馆，1991：1494.

定义为：实体的一组固有特性满足需要的程度。[①]该定义包含三个要素：第一要素是"实体"，可以是产品、活动、过程、组织、体系等，也可以是上述各项的任意组合；第二要素是"需要"，质量要满足的是顾客、社会及相关的第三方（非供方、也非顾客）等多方主体的需要，而不同主体对质量的需求是不尽相同的；第三要素是"特性"，即实体特有的、区别于其他实体的性质，是事物的客观属性。[②]费力帕克认为特定的意识形态塑造着人们对质量的整体的解释。[③]

我国有学者提出"所谓质量指反映实体满足明确需要或蕴含需要的能力特性的总和"[④]。"所谓质量，实质上是对某一客体是否能够满足特定主体需要及其程度所作出的肯定性价值判断"[⑤]。还有学者提出需要重新认识"质"的性质，认为质量是所有存在物均固有的根本属性，具体表现为产品的某种或某些特性本身，而非传统中被认为的产品的固有特征满足顾客需要的程度。[⑥]

综合学界的观点和使用情况，认为质量就其内容而言是一个有着极其丰富内涵和外延的概念。具体有以下几方面基本的认识：

（1）"质量"一词在产品、服务、管理等不同的领域均有使用，其"质"的规定性和标准是不同的。

（2）可以明确的是我们今天使用的"质量"一词的核心是质而不是量，所要表达的是其"质性"特征，是物质及社会存在物的固有特性、固有样貌。

（3）质量蕴含着综合性。即事物"质"的特性是多要素、多层面、多维度的综合。

（4）质量概念具有动态性。即"质量"观念存在着"符合性"和"适用

---

① https://baike.so.com/doc/5379057-5615287.html

② 史秋衡，陈蕾.中国特色高等教育质量评估体系的范式研究[M].广州：广东高等教育出版社，2011：13.

③ Filippakou，O. The Idea of Quality in HigherEducation：A Conceptual Approach［J］. Discourse Studies in the Cultural Politics of Education，2011，32（1）：15-28.

④ 史秋衡，吴雪，王爱萍，等.高等教育大众化阶段质量保障与评价体系研究[M].广州：广东高等教育出版社，2012：27.

⑤ 赵中建.高等教育全面质量管理的概念框架[J].外国教育资料，1997，（05）：37-42.

⑥ 袁益民.教育"质量"：是质性特征，还是量化程度[J].高教发展与评估，2012，28（05）：29-32.

性"向"满意性"的演变，且质量标准具有动态性，在不同的发展阶段上事物满足需要的程度是不同的，它随着时间、地点、使用对象的不同而不同。

（5）质量具有可评价性。即产品、服务、管理等不同领域对"事物的固有属性"是有具体的"质"的规定性或标准要求，据此可进行优劣、等级等判断。

二、教育质量

教育质量有广义与狭义之分。从广义角度上，教育质量指整个教育体系的质量，是宏观范围的质量，包括整个教育系统的规模、结构和效益等方面的合理性、效益性及其相互协调的状态。从狭义角度上，根据《教育大词典》的解释，"教育质量是教育水平高低和效果优劣的程度""教育质量体现在培养对象的质量上"，"教育目的和各级各类学校的培养目标是衡量教育质量的标准"。教育目的规定了受教育者一般的质量要求，即教育的根本质量要求；培养目标规定了受教育者的具体质量要求，是衡量人才是否合格的质量规格。[1]按照这一解释，教育质量标准可以分为两个层次：即基本质量要求和具体培养对象的合格要求。

从要素、层面和维度来讲，教育质量应该包含教育满足经济社会需求（正当性）、学习结果满足人们的期待（满意度）、教育目标的实现（有效性）、教育资源的有效利用（效率）、课程适应社会现实和人们的生活期待（适切性）、教育计划给人们的未来生活带来正面影响（价值）等等方面的内容。[2]

教育质量是个见仁见智的概念，学界有不同的表述，诸如"教育质量是在既定的社会条件下，在教育活动客观规律与学科自身逻辑关系的约束下，各级各类教育所培养的人才能够满足社会需要的程度与促进学生身心发展的程度"[3]；教育质量是"围绕学校教育目标而设计、组织、实施的教育活动达到预期效果的程度"[4]；"所谓教育质量是指教育者提供的服务和所生产的产品的优

---

① 顾明远. 教育大词典·增订合编本（上）[Z]. 上海：上海教育出版社，1998：798

② 袁益民. 也谈教育质量及其保障[J]. 上海教育评估研究，2012，1（02）：29-32

③ 陈玉琨. 教育评价学[M]. 北京：人民教育出版社，1999：225

④ 沈玉顺. 现代教育评价[M]. 上海：华东师范大学出版社，2002：195

劣水平，是教育机构和教育系统的目标实现程度，也是教育生产者或教育服务提供者所提供的教育服务能够满足社会和受教育者个人需要的能力总和"[①]；等等。尽管学者们的表述不同，但概括起来有共同的含义，即教育质量体现为"教育满足个体和社会需要的能力或水平"，这一含义也得到了较普遍的接受和使用。

根据美国质量管理专家朱兰（J.M.Juran）的质量观，教育质量应该关注以下几个方面：[②]

（1）学校教育质量应体现在学校所有工作过程以及过程所产生的结果（产品）之中。包括招生、学习、升学或毕业及就业，教职工聘任、教学、培训及晋升，财务的预算、收入、使用等，管理工作的计划、执行、监控、评价等。

（2）学校教育质量应以满足不同"顾客"的需要为原则，包括社会需要、个人需要（家长需要）、教职工需要等。

（3）学生既是学校教育"产品"中的核心部分，也是学校教育服务的重要"顾客"。意味着学校各项工作必须满足不同学生的需要，赋予学生学习与生活的自主权，尊重学生的个性及差异性等。

（4）学校教育质量取决于管理，取决于人。学校教育质量不只是改进教师的教学方法与技能就能得到提高，也不只是有了优质师资和生源、享受大量的拨款就能实现的，只有优质的管理才具有决定性意义。

吴凡基于联合国教科文组织等政策报告的文本分析，提出教育质量包含学习者层面的质量与系统层面的质量。学习者层面的质量主要指教育有效地促进学习者在认知与非认知方面的发展，比如，能够掌握必要的知识与技能，获得终身学习的能力以及培养积极的情感、态度、价值观；系统层面的质量主要指教育资源得到公平配置及有效利用，教育能够满足学生、家庭、学校、社会、国家等不同利益相关者的需求，对促进经济发展、社会公平、政治民主、文化多元、国家凝聚力等方面发挥积极的影响。[③]

---

① 陈彬. 教育质量督导与评价. [M]. 海口：南海出版公司，2004：26
② 宁业勤. 教育评价实践研究[M]. 杭州：浙江工商大学出版社，2016：14-15
③ 吴凡. 面向2030的教育质量：核心理念与保障模式——基于联合国教科文组织等政策报告的文本分析
　　[J]. 教育研究，2018（01）：132-141

三、高等教育质量

高等教育质量既体现了国家对高校在人才培养、科学研究等方面的期待以及政府向高校传导的外部压力，也隐含着高校持续追求的一种内在品质。[①]自20世纪80年代开始，国外学者对高等教育质量的概念就有较多的研究。1984年，美国国家教育协会出版的《学习的演进》一书中指出，高等教育追求卓越旨在使学生的知识、能力、技能和态度从入学到毕业这一阶段获得显著增量。联合国教科文组织1998年发表的《21世纪的高等教育：展望和行动宣言》中提出"高等教育的质量是一个多层面的概念，包括高等教育的所有功能和活动：教学与学术研究、教师与学生、校舍、设施设备、社会服务和学术环境等方面的质量"，"高等教育的质量还应包括国际交往工作方面的质量，即知识的交流、教师和学生的流动以及国际研究项目等"[②]。因此，在评定高等教育质量时，"应考虑其多样性，要根据不同的活动内容来衡量其质量。由于不同类型高楼具有差异性，要避免用一个统一的尺度来衡量高等教育质量"[③]。哈维（L.Harvey）和奈特（P.Knight）针对高等教育大众化阶段的特征，提出了高等教育质量的五种界定方式：（1）卓越（exceptional）质量观；（2）臻于完美（perfection）或一以贯之（consistency）质量观；（3）适合目标（fitness for purpose）质量观；（4）物有所值（value for money）质量观；（5）变革性（transformation）质量观。[④]

国内学者对高等教育质量的概念从不同的角度进行研究，有很多不同的理解和解释。潘懋元根据《教育大词典》对教育质量的内涵界定，认为高等教育质量包含两方面的含义：一是高等教育要依据我国教育目的和高等教育一般培养目标所规定的质量规定要求，培养德智体美全面发展、具备一定的人文素质

① 邬大光.高等教育：质量、质量保障与质量文化[J].中国高教研究，2022（09）：18-24.
② 赵中建.21世纪世界高等教育的展望及其行动框架——98世界高等教育大会概述[J].上海高教研究，1998（12）：1-8
③ 联合国教科文组织.21世纪的高等教育：展望和行动世界宣言[J].教育参考资料，1999（3）
④ 孟凡芹.高等教育人才培养质量标准体系[M].北京：科学出版社，2019：5

和科学素质、具有创新精神和实践能力的专门人才；二是依据各级各类高等学校的具体培养目标所规定的质量规格要求，衡量所培养的人才是否合格。①李福华认为"高等教育质量是一个'三维'概念，至少包含人才培养质量、科学研究质量、社会服务质量三个重要方面"②。余小波提出"高等教育质量从过程来看，有投入质量、过程质量与产出质量之分；从活动来看，有教学质量、管理质量与服务质量之别"③。胡建华认为"衡量一所高等学校的工作成效、任务完成情况、社会贡献的主要尺度是培养人才的数量与质量；高等教育质量的基本指向就应该是教育学生的质量、人才培养的质量"④。史秋衡等根据国际标准化组织对质量的定义，认为"质量的概念同样适用于高等教育，但需要结合高等教育实际进行具体分析。在概念内涵上，从国际标准化组织提出的质量的'三个要素'维度来看：第一要素'实体'包括高等教育的产品（人才、科研成果、社会服务）、高等教育的物质基础以及与之配套的各项高等教育活动过程；第二要素'需要'包括国家的需求、社会的需求、学生发展的需求，以及高等教育系统自身有序运转的需求；第三要素'特性'指高等教育自身所具有的、能满足上述需要的基本品质。从概念的外延上，高等教育质量从投入——产出过程上来看包括教育投入、过程和产出的质量；从活动内容上来看包括人才培养、科学研究和社会服务等维度的质量；仅从学校教育教学活动的角度来看，高等教育质量包括教学实施质量、教学管理质量与服务质量和教学效果"⑤。田恩舜认为"高等教育质量是高等教育机构在既定的社会条件下，遵循教育自身规律与科学发展的逻辑，培养的学生、取得的科研成果以及提供的社会服务符合学校教育目标且满足社会发展需要和学生个性发展需要的程度"⑥。史秋衡、

---

① 潘懋元. 高等教育大众化的教育质量观[J]. 中国高教研究，2000（01）：9-11

② 李福华. 高等教育质量：内涵、属性和评价[J]. 现代大学教育，2003（02）：17-20

③ 余小波. 高等教育质量概念：内涵与外延[J]. 高教发展与评估，2005（06）：46-49

④ 潘懋元. 大学教育质量的理论与实践研究[M]. 广州：广东高等教育出版社，2009：95

⑤ 史秋衡，陈蕾. 中国特色高等教育质量评估体系的范式研究[M]. 广州：广东高等教育出版社，2011：13-14

⑥ 田恩舜. 高等教育质量保证模式研究[M]. 青岛：中国海洋大学出版社，2007：25

吴雪、王爱萍等认为"高等教育质量是高等学校围绕人才培养目标和规格，通过一系列教育教学活动作用于受教育者的身心，并由其内化形成的满足社会政治、经济、文化发展和学生自身发展需要的知识、能力、素质等的优劣程度"[①]。邬大光认为"高等教育作为一种社会活动，兼有人才培养、科学研究、社会服务以及文化传承与创新等职能，因而从广义的角度理解，高等教育质量包括了与其职能相关的全部活动。质量在高等教育领域是一个体现价值判断的概念，也是一个在特定时空条件下有相对客观标准的'技术'"[②]。

综合学界对高等教育质量的看法以及对质量内涵的把握，可将高等教育质量内涵概括为以下几方面的主要内容：

（1）高等教育质量是高等教育自身所固有的内在规定性；

（2）高等教育质量是指国家或社会对高等教育活动过程与结果的预设规格和标准；

（3）高等教育质量指高等教育所提供的服务能够满足利益相关者需求的程度，是利益相关者对高等教育适用性的价值判断和评价；

（4）高等教育质量是高校遵循高等教育规律，在人才培养、科学研究以及社会服务等方面满足国家、社会和个体需要的程度；

（5）高等教育质量和产品质量一样，具有过程的可控性、效果的可衡量性和结果的可评价性；

（6）高等教育质量是多层次的概念，应该考虑多样性，避免用一个统一的尺度来衡量高等教育质量。[③]

从外延上看，高等教育质量有广义和狭义之分。高等教育兼有人才培养、科学研究、社会服务等三大传统职能，因而从广义的角度理解，高等教育质量应该指与其职能相关的全部活动的质量，即学校实现人才培养、科学研究和社

---

① 史秋衡，吴雪，王爱萍. 高等教育大众化阶段质量保障与评价体系研究[M]. 广州：广东高等教育出版社，2012：29

② 邬大光. 高等教育：质量、质量保障与质量文化[J]. 中国高教研究，2022（09）：18-24

③ 王春春（录音整理）. 高等教育质量与评价[J]. 大学（学术版），2010（05）：12-23

会服务等职能的程度。从狭义的角度理解，高等教育质量主要指高等学校的人才培养质量。主要原因在于高校因担负人才培养职责而存在，在人才培养、科学研究、社会服务三大职能中，人才培养是基本职能，科学研究是重要职能，社会服务是延伸职能，从高校办学实践来看，这三种职能最终都聚焦在人才培养上，即科学研究和社会服务的开展，是以人才培养活动为依托进行的，它们对提高人才培养质量都有积极的促进作用。基于这样的考虑，本研究所探讨的对象界定为人才培养质量。

第二节　高等教育质量观

当人们选择了作为质量的载体之后，再赋予质量一定的评价标准，在思想上就具备了某种质量观。[①]教育质量观是人们在特定社会条件下的教育价值选择。[②]作为一种思想观念，高等教育质量观直接或间接影响高等教育活动的内容、行为、发展状态和发展趋向，对高等教育质量管理、监控和质量评价等方面具有重要的导向作用。

一、高等教育质量观的概述

关于"如何评价和提高教育质量"问题一直是学术讨论的热门话题，对此形成了不同的价值判断和思想，产生了多种多样的教育质量观的话语体系。在不同的社会历史阶段，高等教育发展状态的不同以及高等教育利益相关者对高等教育质量和质量标准的不同认识，高等教育质量观也处于不断演进过程中。从哲学视角系统反思高等教育质量观就是要回答"谁的质量观"和"什么样的质量观"等问题。[③]

（一）我国高等教育质量观的演进

我国高等教育阶段从精英化到大众化再到普及化的不断演进中，核心的问

①武毅英.新世纪我国高等教育的质量观[J].厦门大学学报（哲社版），2002（04）：60-67
②李志仁.我国应建立高等教育质量保障体系[J].高教探索，2001（02）：2-4
③周廷勇，周作宇.高等教育质量观的理论反思[J].大学教育科学，2018（02）：9-18

题归结起来仍然是反思和重塑高等教育质量观问题。21世纪初有学者就提出高等教育质量观经历了"两个转变"：即从满足某种"质的规定性"到满足"主体需要"的程度的转变、从为"已知的社会"培养人才到"未知的社会"培养人才的转变。以两个转变为标志，高等教育质量观经历了三个阶段，即"合规定性"质量观、"合需要性"质量观、"合创新性"质量观三个阶段。①就目前来看，这个概括依然有一定的合理性和适切性。

从新中国成立以来我国高等教育发展的历史进程来看，1977年中国高考制度恢复、1999年教育振兴行动计划、2017"双一流"建设、2020年《深化新时代教育评价改革总体方案》的颁布等关键点无疑是我国高等教育发展过程中具有里程碑意义的重要节点。

1. 新中国成立以来到高考制度恢复期间

这一时期，我国高等教育的价值诉求基本上是以"满足各行业的建设人才需要"为主，是国家高等教育政策指导下的"专业技术人才"质量达标的诉求。新中国成立之初，在百废待兴的局面下，高素质人才不足、高等院校学科分布不均、高校院校地区分布不平衡等问题成为当时高等教育领域亟待解决的大难题，为此，党和国家提出"要普及教育，提高全民族素质"，在首次召开的全国教育工作会议上就明确提出"教育必须为国家建设服务，学校必须为工农开门"。1952年开始，国家根据"以培养工业建设人才和师资为重点，发展专门学院，整顿和加强综合大学"的方针，在全国范围内开展了高等学校的院系调整工作。调整后，工科院校得到了发展，满足了新中国工业化建设急需工科人才的需要。到1957年时，全国共有高等学校229所，其中，综合大学17所、工业院校44所、师范院校58所，基本上改变了旧中国高等教育文重工轻、师范缺乏的状况，落实了中共中央关于高等教育"要很好地配合国民经济发展的需要，特别要配合工业建设的需要"的要求，为国家培养了一大批经济建设所急

---

① 房剑森.高等教育质量观的发展与中国的选择[J].现代大学教育，2002（02）：15-19

需的专门人才，对新中国的工业化建设起到了巨大的推动作用，同时也使我国的高等教育得到了迅速发展。[①]这一时期，高等教育的"使用要求"凸显，契合了当时国家的整体政治经济利益，总体上看，在质量的观念上是"合规性"单向度思维。

所谓"合规定性"质量观认为，沿用工业产品的"合格产品"概念，高等教育的质量就是"达到标准"，也就是国家依据教育方针，根据一定阶段社会经济发展对高等教育的培养目标和人才培养规格的要求，制定人才培养、科学研究和社会服务等方面的质量标准，高校以此为依据开展相关工作，如果培养的人才和科学研究的成果与提供的社会服务能够达到这种规格标准，这种教育就是有质量的教育。在这个阶段，人们对高等教育质量的关注重点在于高等教育活动的结果是否达到了国家政策文件要求，或者人才培养质量是否符合了社会和行业企业的要求。

2. 高考制度恢复到 1999 年期间

这一时期，随着国家社会经济的快速发展，我国高等教育规模得到迅速扩大，高等教育整体呈现出多样化发展的格局，但总体上以"内涵发展"为价值追求。1988 年，邓小平同志提出"科学技术是第一生产力"的论断，重视科技、重视教育成为全国上下的共识。伴随着规模扩张而来的质量问题引起了国家层面的重视，1988 年召开的全国高等教育工作会议上就明确提出"控制高等教育的发展规模，从注重规模扩张转向质量的提高"的战略转向要求；1993年发布的《中国教育改革与发展纲要》也明确提出"要坚持走内涵发展为主的道路，努力提高办学效益"；1996 年颁布的《全国教育事业"九五"计划和2010 年发展规划》提出"要把提高教育质量和办学效益摆在突出位置，促进教育发展方式从重视规模效益向着力提高质量效益转变"。从以上这些政策文本可以看出，注重"内涵发展"的高等教育质量观被不断提及和强化。可以说，从 20 世纪 80 年代末到 1999 年之前，国家高等教育质量政策的取向并没有

---

① 高等教育这百年 . 中国教育在线. https：//www. eol. cn/news/yaowen/202106/t20210630_2130076. shtml

发生实质性的变化。①

所谓"内涵式发展"的本质意义是从事物的内部因素出发，以事物内部的构造为发展动力，从而促使事物的长久持续的发展，其内部因素包括协调结构、优化要素、提升质量、提高水平、增强实力等。总之，对高等教育而言，就是以科学发展观为指导，依据高校历史发展经验，塑造自身特色、调整内部结构，坚持以学生为本，以人才培养为中心，以服从和服务学生成长成才为主线，全面提高人才培养水平，激发办学活力，不断促进学校长久持续发展。

3.1999年教育振兴行动计划时期

1999年教育部出台的《面向21世纪教育振兴行动计划》中明确提出，高等教育要有较大扩展，到2010年入学率将达到适龄青年的15%，高等教育进入了大众化阶段，开启了中国高等教育规模发展的模式。伴随着我国高等教育发展规模的迅速扩大，政府、用人单位、学生、高校等利益相关方对高等教育的需求也呈现出多元化态势，这种多元化的需求以一种不容置疑的巨大力量推进着高等教育质量观念的转变，"满足多元化需求"成为高等教育的价值追求。从政府视野来说，虽然大众化时代的高等教育发展已经不仅仅是政府单方面的责任，但政府作为高校主办者和经费主要来源者，理应对高等教育质量在满足国家战略需求上有自己的质量诉求。因此，政府的高等教育质量观是有政治性价值取向的质量观，是要求高等教育的人才培养和科学研究能够更好地为社会政治经济的发展服务。②对用人单位而言，强调高等教育的实用性和效益最大化，以是否能够胜任岗位的要求作为价值判断的标准。用人单位对毕业生质量的要求必然深刻影响着高等教育的质量观。以市场经济的观念来看，用人单位视野的高等教育质量观是"雇主满意"的质量观。从学生的角度来说，学生是教育的直接参与者和体验者，教育最根本的目的是促进学生的学习和发展。学生的学习经历和知识的获得过程正是学生体验高等教育质量优劣的过程，学生作为

---

① 张烨.我国高等教育质量观的演进及其制度基础分析[J].清华大学教育研究，2012（03）：7-13
② 史秋衡，吴雪，王爱萍.高等教育大众化阶段质量保障与评价体系研究[M].广州：广东高等教育出版社，2012：29

重要的利益相关者，其学习的经历性和获得性的价值取向自然成为高等教育质量观的不可或缺的组成部分。[①]站在高等院校的角度看，外部的诸多利益相关者都对高等教育质量提出了各自的要求，但是作为高等教育质量承担者以及作为教育主体的高校自身，在遵从利益相关者的质量诉求的同时，在坚持高等教育内部规律的基础上，也有着对人才培养、科学研究、社会服务质量的坚持，这就形成了"高校目的满足性"价值取向的质量观。[②]总体而言，这一阶段随着我国经济社会的快速发展，我国大众化高等教育也得到了迅速的发展，高等教育质量观也变得多样而复杂，"协商性对话机制"[③]能够使多样而复杂的大众化高等教育质量观变得简单和均衡，并最大限度地满足多方需求。这种复杂多元的格局进一步催生了高等教育"合需要性"多元复合向度的价值追求，也为高等教育高质量发展奠定了重要的基础。

所谓"合需要性"质量观认为，满足用户需要的产品才能变成商品，才能创造价值。高等教育质量就是高等教育满足国家、社会、个体需要的程度，由于国家、社会、用人单位、学生个体对高等教育的需要和期望不同，高等教育越能满足这些需要和期望，其质量越能被认可。

4. 2017年"双一流"建设启动以来

2017年1月，经国务院批准同意，教育部、财政部、国家发展和改革委员会印发了《统筹推进世界一流大学和一流学科建设实施办法（暂行）》[④]，开启了新时代我国高等教育高质量建设新征程。"双一流"建设是新时代对高等教育发展的新擘画和政策创新，它不是一般意义的教育资源的配置，而是我国高等教育已经处于世界中上行列、谋求更高水平发展的突破口，是高等教育新发展

---

① 史秋衡，吴雪，王爱萍. 高等教育大众化阶段质量保障与评价体系研究[M]. 广州：广东高等教育出版社，2012：29

② 史秋衡，吴雪，王爱萍. 高等教育大众化阶段质量保障与评价体系研究[M]. 广州：广东高等教育出版社，2012：29

③ 王洪才. 论均衡的高等教育质量观的建构[J]. 教育与现代化，2002（2）：3-8

④ 关于印发《统筹推进世界一流大学和一流学科建设实施办法（暂行）》的通知. 中国政府网. http://www.gov.cn/xinwen/2017-01/27/content_5163903.htm#1

的标志工程，是服务于社会主义现代化强国建设和中华民族伟大复兴全局的深层谋划，是国之大计、党之大计。它意味着中国高等教育不仅要建设世界一流的综合性大学，更要突出不同高校的学科特色，打造世界一流的专业。2018年发布的《教育部关于加快建设高水平本科教育全面提高人才培养能力的意见》提出要"加强大学质量文化建设，提高质量保障意识，完善质量保障机制，强化质量督导评估"；[①]2019年发布的《教育部关于深化本科教育教学改革全面提高人才培养质量的意见》再次明确提出要"全面推进质量文化建设；完善专业认证制度，有序开展保合格、上水平、追卓越的本科专业三级认证工作。完善高校内部教学质量评价体系"；[②]2020年中共中央、国务院印发的《深化新时代教育评价改革总体方案》是新中国第一个关于教育评价系统改革的文件，也是指导深化新时代教育评价改革的纲领性文件。[③]它对我国高等教育评价和教育质量标准建设提出了新的要求。有什么样的标准，就会有什么样的评价，也就会有什么样的办学导向。上述一系列政策的出台，都反映了国家政策层面对新时代高等教育质量的刚性要求和高校自身高质量发展的迫切愿望。从现阶段高等教育的发展特点和未来趋势上来看，契合了"合创新性"的复合向度的质量观要求。

所谓"合创新性"的质量观认为，在21世纪，教育需要为"未知的社会"培养人才，而在未来的社会中，高等教育质量在于它要引导社会需要，并通过自身的改革与创新适应这种创新需要的能力和程度，也即，高等教育不仅要适应未来社会，而且要引导、改造未来社会，为此高等教育要把培养学生的创新精神和创业能力作为重要的质量目标之一。

---

① 教育部关于加快建设高水平本科教育全面提高人才培养能力的意见. 中国教育新闻网. http://www.jyb.cn/zcg/xwy/wzxw/201810/t20181017_1249420.html

② 教育部关于深化本科教育教学改革全面提高人才培养质量的意见. 中国政府网. http://www.gov.cn/xinwen/2019-10/12/content_5438706.htm

③ 中共中央、国务院印发《深化新时代教育评价改革总体方案》. 中国政府网. http://www.gov.cn/zhengce/2020-10/13/content_5551032.htm

（二）高等教育质量观的多元化表达

1. 全过程的质量观

这种质量观聚焦产品的生产过程，在生产过程的每一个环节都设定了必须要达到的具体要求，以保证产品的"零瑕疵"。"零瑕疵"意味着产品的生产过程的每一个环节都是准确无误的，以确保最终产品的质量，体现了预防远胜于监控的质量观。[①]从本质上看，"零瑕疵"的质量观与质量文化紧密相关，所谓"质量文化"是指组织内的每个人不仅是质量的控制者，还要对质量负责。质量文化在本质上不主张外部力量的质量监控，强调"质量自觉"，要求介入产品及其生产过程的每个人都要对质量负起责任，具有某种自律性；强调生产过程中"首先要做正确的事"，如果生产过程的某个环节出现失误，必须在第一时间进行更正并要预防类似失误的再次发生。对高等教育而言，意味着人才培养、科学研究、社会服务等方面的每个环节都应"合规达标"，高校应该主动建立起"全员、全过程、全方位"的质量意识，形成"质量自觉"的质量文化和"全过程合规"的质量观。

2. 知识性的质量观

知识性的质量观立足知识本位或学术本位，将研究和传递高深学问作为高等教育的核心使命，以此来界定高等教育的质量。有学者提出高等教育机构是"控制高深知识和方法的社会机构"[②]，"无论我们怎样讨论高等教育质量，都离不开知识这个核心内容"，"高等教育中的教学、科研、服务都是以知识为基础的"，"忽视知识的特性与变化，许多有关高等教育质量的讨论就会变成无源之水、无本之木"[③]等观点。依据知识核心观点，传统的知识质量观是一种以学生掌握理论知识的深度、广度及学科理论知识的系统性、完整性来衡量教育质量的质量观。在这种质量观的关照下，容易产生重理论、轻实践、轻应用的教学

---

① 贾莉莉. 国际视阈中基于专业认证的本科教学质量保障体系构建[M]. 上海：立信会计出版社，2018：17

② 伯顿·R. 克拉克. 高等教育系统[M]. 杭州：杭州大学出版社，1994：11

③ 潘懋元. 大学教育质量的理论与实践研究[M]. 广州：广东高等教育出版社，2009：72-79

思想。尽管在高等教育的发展过程中，其承担的职能在不断拓展，但学术知识始终是高等教育活动的中心，只是其存在形态和表现越来越具有多样性。现代高等教育质量观是一个发展的、多样化、整体性的概念，随着对知识概念的认识不断扩展，高等教育质量也必然出现多元化的表现。知识特性不同其质量评价标准也不同，知识生产、传播与分配的不同导致高等教育质量观的多元化。

3. 多样化的质量观

高等教育进入大众化阶段，要满足国家、社会和个体等利益方对高等教育多元化的需求。这种多元化的高等教育必然会有多样化的培养目标和规格，从而也应当有多样化的质量衡量标准。潘懋元从高等教育内外部关系及发展规律出发，结合高等教育大众化过程中出现的新情况、新问题，提出"在大众化教育阶段应将传统单一的精英质量观转变为多样化的大众教育质量观[①]"。这种多样化的高等教育质量观应包括全面素质质量观、多层面质量观以及"高等教育质量标准"的消费者取向等方面，全面素质质量观主张要坚持科学教育与人文教育相结合，把传统单纯的知识质量观、能力观转变为包含知识、能力在内的全面素质质量观。多层面质量观是指不同类型的高等学校由于职能定位不同，质量标准也各有差异。"高等教育质量标准"的消费者取向观念认为评价高等教育质量应"非常重视消费者的满意度，要以消费者（包括学生以及不同的社会利益集团）的需求为依据"。在高等教育质量评价中，必须充分重视学生和社会用人单位的意见，并将这些意见作为提高教育质量的重要参考。[②]

张应强根据世界高等教育大众化的具体情况提出高等教育的多样化主要表现为：一是高等教育需求多样化。指人们出于各种各样的目的而接受高等教育，把接受高等教育作为实现个性发展和追求高质量生活的一个重要方面。二是办学主体多样化。各种各样的社会组织和机构、民间团体和公民个人参与到办学过程之中，举办不同性质和不同类型的高等教育机构。三是教育目标多样

---

① 潘懋元.高等教育大众化的教育质量观[J].江苏高教，2000（01）：6-10

② 李志鸿.潘懋元高等教育质量建设思想探析[J].西南交通大学学报（社会科学版），2015（05）：29-35

化。随着学生求学目的和社会需求的多样化，高等教育机构除注重人才培养外，还会增加产业开发、社区服务、职业培训、提高文化知识和教养水平等目标。四是培养方式多样化。学生有更多的自主权与选择权，在课程组合、安排方面由被动转为主动，有更加灵活的学习时间与空间，各种培养方式同时并存。大众高等教育的这种多样化特征，要求确立多样化的高等教育质量标准。①

4. 系统性的质量观

历史地看，我国对高等教育质量的认知和理解在视野层面主要经历了要素质量观和系统质量观两个阶段。②在高等教育质量评价的实践中，要素质量观是一种"化整为零"的思想，即将高等教育质量分解为不同的环节，遴选各环节质量生成的主要因素，形成若干个可观察、可测量、可操作、可评价的要素指标。随着多元主体价值的认同，系统性的高等教育质量观便随之产生。系统质量观是将高等教育看作集人才培养、科学研究、社会服务、文化传承等职能于一体的系统，其质量是各方的综合反映。在教育部发布的《全面提高高等教育质量的若干意见》（2012年）、《关于加快建设高水平本科教育全面提高人才培养能力的意见》（2018）、《关于深化本科教育教学改革全面提高人才培养质量的意见》（2019年）等关于高等教育质量的三个重要文件中，都包含了"全面"二字。这里的"全面"包括高等教育人才培养、科学研究、社会服务三大传统职能，并赋予了高等教育"文化传承创新"的新使命。在《中华人民共和国国民经济和社会发展第十四个五年规划和2035年远景目标纲要》提出"建设高质量教育体系"则标志着我国高等教育质量观继"点"（要素质量观）到"面"（全面质量观）之后，又迈向"体"（系统质量观）的新纪元。从发展维度上看，按照新时代以新发展理念构建新发展格局的要求，高等教育质量提升行动更加注重战略性、整体性、结构性和协同性。③

---

① 张应强. 高等教育质量观与高等教育大众化进程[J]. 江苏高教，2001（05）:8-13

② 刘振天，俞水达. 新时代中国高等教育质量革命：观念转变与行动路线[J]. 高等教育研究，2021（04）：3.

③ 刘振天，俞水达. 新时代中国高等教育质量革命：观念转变与行动路线[J]. 高等教育研究，2021（04）：4.

5. 发展性的质量观

从各国高等教育发展的历程来看，都普遍经历了由精英化教育到大众教育、普及化教育的发展过程，在不同的阶段上高等教育质量观有所不同，它随着时代的变化而变化，在不同时期有不同的发展主题，高等教育质量是一种发展性质量①。发展性的质量观含义包括：一是以高等教育发展为核心，为高等教育发展服务的质量观；二是用发展的眼光看待高等教育质量，通过发展来解决发展中的高等教育质量问题；三是质量观本身就是变化的、发展的，不能固守僵化的发展观，②要从特定的时空角度出发确立正确的质量观，要从解决当时高等教育发展所面临的主要问题与矛盾的角度，制定高等教育的质量标准。高等教育只有不断地发展，才能保证受教育者的发展，同时促进社会的发展。发展性的质量观，为我们有效监控高等教育进程中的质量问题提供了历史的、动态的视角。2019年，中国高等教育的毛入学率首次突破50%，达到了51.6%，标志着中国的高等教育从大众化阶段迈入了普及化阶段。③在普及化阶段，高等教育发展要注重提高质量、优化学科专业结构，满足社会经济发展和人民群众对高等教育的多样化需求，服务经济社会高质量发展目标，促进个体的全面发展。

二、新时代高质量发展背景下的高等教育质量观趋向

党的十八大以来，在习近平新时代中国特色社会主义思想指引下，围绕"培养什么人、怎样培养人、为谁培养人"这一根本问题，提出的一系列新理念、新思想、新观点为高等教育发展指明了前进的方向，也反映了新时代高质量发展背景下的高等教育质量观的新趋向。

党的十八大报告明确提出了要"努力办好人民满意的教育。坚持教育为社会主义现代化建设服务、为人民服务，把立德树人作为教育的根本任务，培养

---

① 郭垒.当前我国高等教育质量观综述[J].国家教育行政学院学报，2008（08）：65-70
② 张应强.高等教育质量观与高等教育大众化进程[J].江苏高教，2001（05）：8-13
③ 钟秉林.构建高质量高等教育体系[N].中国民族报，2021-11-2

德智体美全面发展的社会主义建设者和接班人"①；党的十九大报告继续提出"深化教育改革，加快教育现代化，办好人民满意的教育。落实立德树人根本任务，发展素质教育，推进教育公平，培养德智体美全面发展的社会主义建设者和接班人"②；党的二十大报告再次提出"办好人民满意的教育。培养什么人、怎样培养人、为谁培养人是教育的根本问题。落实立德树人根本任务，培养德智体美劳全面发展的社会主义建设者和接班人"。③在2018年全国教育大会上，习近平总书记指出"要努力构建德智体美劳全面培养的教育体系，形成更高水平的人才培养体系，要把立德树人融入思想道德教育、文化知识教育、社会实践教育各环节，贯穿基础教育、职业教育、高等教育各领域"④。党的十九届五中全会上通过的《中共中央关于制定国民经济和社会发展第十四个五年规划和二〇三五年远景目标的建议》明确提出了到2035年建成教育强国的发展目标，明确要"建设高质量教育体系。全面贯彻党的教育方针，坚持立德树人，加强师德师风建设，培养德智体美劳全面发展的社会主义建设者和接班人"⑤。梳理上述党的十八大以来的重要会议上对"办好人民满意的教育""落实立德树人根本任务""培养德智体美全面发展的社会主义建设者和接班人"的反复强调，不难看出，它指明了我国高等教育需要长期坚持和完成的重要目标、任务和要求，也蕴含了新时代我国高等教育质量的价值趋向。

办好人民满意的教育，要求高等学校必须遵循高等教育的发展规律，必须

---

① 胡锦涛在中国共产党第十八次全国代表大会上的报告——新闻报道. 人民网. http：//cpc. people. com. cn/n/2012/1118/c64094-19612151-7. html

② 习近平：决胜全面建成小康社会 夺取新时代中国特色社会主义伟大胜利——在中国共产党第十九次全国代表大会上的报告. 中国政府网. http：//www. gov. cn/zhuanti/2017-10/27/content_5234876. htm

③ 习近平：高举中国特色社会主义伟大旗帜 为全面建设社会主义现代化国家而团结奋斗——在中国共产党第二十次全国代表大会上的报告. 中国政府网. http：//www. gov. cn/xinwen/2022-10/25/content_5721685. htm

④ 习近平：坚持中国特色社会主义教育发展道路 培养德智体美劳全面发展的社会主义建设者和接班人. 中华人民共和国教育部政府门户网站. http：//www. moe. gov. cn/jyb_xwfb/s6052/moe_838/201809/t20180910_348145. html

⑤ 中共中央关于制定国民经济和社会发展第十四个五年规划和二〇三五年远景目标的建议. 中国政府网. http：//www. gov. cn/xinwen/2020-11/03/content_5556991. htm

认清形势，进一步明确自身承担的责任和使命；要求高等学校必须坚持"优先发展、育人为本、改革创新、促进公平、提高质量"的工作方针，必须充分发挥好科技第一生产力和人才第一资源的重要结合点的有效作用；要求高校必须强化"大责任意识"，从党和国家的需求出发，准确定位、谋划发展；要求高等学校必须从人民的期待和社会的需求出发，全力服务政治、经济、文化、社会建设和生态文明建设；高等学校要成为"创新驱动发展战略"实施的重要媒介，成为社会主义文化强国建设的重要载体。[①]新时代高等教育的人才观，就是要为我国社会主义建设事业和中华民族伟大复兴培养德智体美劳全面发展的建设者和接班人。

办好人民满意的高等教育，要求我们必须树立全面系统的多样化质量观。新时代新发展理念和新发展格局引领我国由高等教育大国迈向高等教育强国，这就要求实现高等教育质量"从有到优"的整体的、系统的跨越。[②]教育评价事关教育发展方向，有什么样的评价指挥棒，就有什么样的办学导向。[③]2020年，中共中央、国务院印发的《深化新时代教育评价改革总体方案》[④]为新时代教育质量的评价提供了根本遵循。高等教育质量观必须紧扣新时代高等教育的新要求、新特征，坚持学生中心、产出导向、持续改进、多元参与的评价理念，注重高校内涵建设与价值增量。要落实新时代高质量高等教育体系评价导向：一是强调分类发展的高等学校评价。坚持以"双一流"建设目标和需求为导向，重视学校管理体制与治理体系改革成效的评价，探索注重成长性、特色性发展的评价。二是高素质教师队伍是建设高质量高等教育体系的关键，必须把师德师风建设放在首位，要坚持将师德师风作为第一评价标准。三是学生评价要体现综合发展要求，要从注重知识的一维评价向注重全面发展的综合评价转变。

---

① 孙家学. 树立"大质量观""大责任意识"办好人民满意的教育[J]. 中国高等教育，2013（01）：9-11

② 刘振天. 新时代中国高等教育质量革命：观念转变与行动路线[J]. 高等教育研究，2021（04）：1-14

③ 改革！教育评价指挥棒将怎样变化？——《深化新时代教育评价改革总体方案》解读. 中国政府网. http：//www. gov. cn/zhengce/2020-10/14/content_5551154. htm

④ 中共中央、国务院印发《深化新时代教育评价改革总体方案》. 中国政府网. http://www. gov. cn/zhengce/2020-10/13/content_5551032. htm

四是学科评价要突出贡献增值，关注内涵、聚焦贡献、突出特色的学科评价。五是强调效率优先的高校内部质量评价。[1]要合理运用过程评价、结果评价、综合评价、增值评价等评价方式，提高质量评价的科学性、专业性和有效性。

第三节　高等教育质量保障

关注质量已经成为教育领域的重点，高等教育能否不断满足国家、社会和学生在新时代的需要，直接关系到高等教育发展命运的好坏。如何不断提高高等教育的质量，促进高等教育的目标有效达成，一直是高等教育领域探讨的重要问题。新时代高质量发展要求下，我国教育进入内涵发展的新阶段，保障和改进高等教育质量，建立有效的高等教育保障体系已经成为新时期的重要任务。关于"为什么要保障？保障什么？如何有效保障？"等问题在不同的历史时期、不同的国家、不同类型的高校具有不同的观点。

一、高等教育质量保障的内涵

关于高等教育质量保障的内涵，学界的定义和解释有很多。2009年，欧洲大学联合会在研究欧洲高等教育质量变化的报告中指出，从广义上而言，质量保证包括与明确、把握和提高高等教育机构质量有关的所有活动，涵盖了从制定战略到教师发展和课程开发的一切活动。[2]李·哈维（Lee Harvey）认为质量保障是建立在控制（Control）、问责（Accountability）和改进（Improve-ment）三个基本原则之上：控制是指高等教育机构不仅控制资源的消费情况，还应该合理利用现有资源提高质量；问责是高等教育质量应该满足政府和投资者的目标和需要，否则要被问责；改进是指高等教育机构获得必要投入、改良过程和提高产出的标准以满足设定的目标。[3]彼得·奥克布科拉（Peter Okebukola）和居马·萨巴

① 钟秉林. 新时代高质量高等教育体系的评价导向[J]. 中国高等教育，2021（01）：1
② 黄福涛. 高等教育质量保证的国际趋势与中国选择[J]. 北京大学教育评论，2010（01）：114-124+191
③ 杨尊伟. 西方高等教育质量保障思想探析[J]. 山东高等教育，2020（04）：26-32

尼（Juma Shabani）认为高等教育质量保障系统主要强调投入、过程和产出等维度，投入因素包括学生、教师、教辅人员、管理人员、课程、设备设施、经费、教学材料以及其他资源等；过程因素包括教与学的互动、内部效率、科研、学生服务、评估过程和管理工作、社会参与等；产出因素包括毕业生质量、负责任的公民、经济和社会发展、产出新知识以及教育体系的外部效能。①英国1991年《高等教育改革白皮书》中定义，高等教育质量保障包括三方面：一是质量控制，指大学内部为维持和提高教育质量而实施的管理过程；二是质量审核，指为督促大学设立适当的质量控制体系而进行的外部检查；三是质量评估，指对学校教学质量所做的外部评估。②

我国学者的相关研究中具有概括性和代表性的定义如：高等教育质量保障是"为维持和提高高等教育质量而采取的管理过程，它包括两个层次的内容：一是教育行政部门、专业评价委员会、社会评价等外部机构对高等教育质量的监督、检查"③；二是高等院校内部为达到人才培养目标而采取的一系列措施与行动；高等教育质量保障是"指为维持和提高高等教育质量所实施的有计划、有组织、有系统的质量持续促进活动"④；高等教育质量保障活动是"在高等教育机构自我评价的基础上，由高等教育质量保障机构组织同行专家对高等教育机构或者专业进行质量审计和评估的活动"⑤；高等教育质量保障是"指特定的实体依据一套质量评估指标体系，按照一定的过程和程序，对高校的教育质量进行控制、审核和评估，并向学生和社会相关人士保证高等教育的质量，提供有关高等教育质量的信息"⑥；高等教育质量保障是"高等教育质量评价与质量控制活动的进一步深化与系统化，质量评价是根据既定的质量标准对高等教育

① 汪利兵，阚阅译. 全球大学创新联盟编：2007年世界高等教育报告：高等教育的质量保障[M]. 杭州：浙江大学出版社，2009

② 臧强，唐霞. 剑桥大学内部质量保证体系研究[J]. 黑龙江高教研究，201（07）：66-69

③ 贾汇亮. 高等教育质量保障与评价机制建设[J]. 高教探索，2003（01）：18-21

④ 马健生. 高等教育质量保证体系的国际比较研究[M]. 北京：北京师范大学出版社，2014：14

⑤ 李志仁. 我国应建立高等教育质量保障体系[J]. 高教探索，2001（02）：2-4

⑥ 邱国锋. 高等教育质量保障：系统及其运作[J]. 辽宁教育研究，2005（09）：32-35

活动及其效果进行价值判断；质量控制是在质量评价的基础上采取一定的矫正措施。质量保障就是在两者的基础上，促进高校达成人才培养质量目标，满足相关群体利益的过程"①；高等教育质量保障就是"指政府、社会和高校等质量保障相关主体，运用质量监测、质量管理、质量控制、质量审计、质量认证和质量评估等手段进行的高等教育质量持续改进活动"②；高等教育质量保障"指高等院校为了确保学习者达到特定的学习目的或为了满足一定组织、机构、群体而制定的标准以及实施的相关活动。这些活动包括高校内部的自我检查和自我评估、来自外部机构或专家的审查认定以及进校核查等一系列活动"③等等。

梳理国内外学者的定义，概括来讲，高等教育质量保障是依据质量标准和程序对高等院校的教育质量活动进行建设、管理、监测和评估的过程，目的是保证高等教育的质量合乎利益相关者的要求。包含以下几方面的观点：

（1）质量保障的过程具有全面、全员、全程性。质量保障涵盖了人才培养、科学研究、社会服务的全过程、全方位，所有参与高等教育活动的每一个环节都有质量的规定和要求，每个环节的参与人员都应该有质量保障的具体责任。

（2）质量保障的主体具有多元性。其主体包含了政府、社会、高校自身等利益相关者。政府根据国家和社会对人才培养质量的要求，通过制定高等教育质量标准等评估政策、建立评价机构等方式，对高校开展质量评估、认证等评价工作，以外在的力量推动高校的质量保证与提升。高校因自我发展、自我提升的需要，在内部实施质量的管理和监控等保障活动。

（3）质量保障的手段和方式具有多样性。评估、专业认证固然是重要的质量保障手段，但除了评估、专业认证之外，还应包括质量监督、质量控制、质

---

① 陈玉琨，代蕊华，杨晓江，等.高等教育质量保障体系概论[M].北京：北京师范大学出版社，2004：7-8.

② 余小波，刘潇华，张亮亮.我国高等教育质量保障的发展与评析[J].高等教育研究，2020（02）：36-44

③ 黄福涛.高等教育质量保证的国际趋势与中国选择[J].北京大学教育评论，2010（01）：114-124+191

量管理、质量改进等。而且不同保障主体的质量保障方式也有区别，如政府的立法规范、行政指导、经济调控，社会的市场引导、舆论监督、中介组织评价，学校的制度规范、督导检查、评估评价、反馈调节等。[①]

（4）质量保障具有系统性。质量保障是"一套涉及整个高等教育系统及管理问题的系统化的思维与行动策略"[②]。系统性体现在质量的宏观保障是由学校外部和内部两个方面的众多子系统共同支持的，外部子系统包括政府和社会的投入与支持系统、第三方评价与评估系统等，内部子系统包括高校的决策与组织系统、师资等资源要素支持系统、教学质量的监控、评价、反馈与改进系统等。

（5）质量保障具有持续性。质量保障是高校为达到质量要求和标准所做的持续性推动过程。质量的提升没有终点，所谓"评估"不是终点，是新的起点，评估的根本目的是推进质量的持续改进过程。

二、高等教育质量保障的功能

由于人们对质量和质量保障的内涵有不同的理解和认识，因此，对高等教育质量到底"为什么保障？保障什么？如何保障？"等问题有了不同的见解，尤其在"保障什么？"也即"保障目的"这个关键问题上做出的回答不同。通过对相关研究的梳理认为：不同的质量保障方式反映了不同的保障目的，质量保障主要服务于问责、外部控制、质量提升等目的。"问责"关注高校是否在按照或高于政府制定的基本质量标准运行，以证实其有资格接受国家高等教育资源和资金的投入。对于传统的大学自治和基于市场的国家，问责的要求越来越强烈。"外部控制"主要是政府用多种方法控制高等教育活动的内容、发展、规模等，以服务于国家或政府的需要。"质量提升"关注教育质量的持续改进过程，是通过发现存在的缺陷以更好地采取措施改进质量。

高等教育质量保障的功能，简单来讲就是通过建立一定的质量保障体系来

---

① 余小波，刘潇华，张亮亮. 我国高等教育质量保障的发展与评析[J]. 高等教育研究，2020（02）：36-44
② 沈玉顺. 高校教学质量保障的思想与实践[M]. 上海：文汇出版社，2003：7

保证高等学校人才培养质量达到既定的目标——满足学生、用人单位等利益方的需求，促进高等教育质量的提高。质量保障体系一般包括内部保障和外部保障两种类型的保障体系。

内部质量保障体系是高校自身作为质量保障的主体机构，在校内开展一系列质量建设活动，包括邀请外部专家或第三方机构对学校的人才培养质量进行评审、评估和认证。依据国家高等教育法律法规和质量相关政策，对人才培养方案与教学大纲制定、教材选编、教学环节组织、教育教学过程、师资及资源配置等一系列活动提出一定的标准和要求。内部质量保障的主要目标是确保并提高学校每个机构所承担任务的质量，涉及教学、学生管理、科研、社会服务等相关部门。内部保障是高校自发的保障，也可以称为"发展性的高等教育质量保障"①，高校要把质量保障作为推动学校持续发展的重要措施，以学校的发展为保障目的，根据社会需要的变动来调整学校发展目标，对影响学校发展的关键因素开展常态化监控与诊断评价，促进学校的持续提升和发展。

外部质量保障体系，主要指在高校自我保障的基础之上，由政府和社会所组织的校外机构为保证高等教育质量所做的一切监测、评估等活动，是高等教育行政管理机关对高等学校的一种外部监管，是以政府行政力量介入为主的保障活动。外部质量保障也可以称为"认可性的高等教育质量保障"②，主要是外部机构通过建立相应的组织运行机制，依据社会和行业需求，制定相应的质量目标与标准，广泛运用评估、认证等手段，对高校教育质量进行检测和诊断，促进高校做出质量承诺，并通过持续的努力达到与超过预期的标准，以获得社会的信任与支持，从而促进高等教育质量的提高。

两种类型的保障体系具有鉴定、诊断、调控、监督、导向、激励等六个方

---

① 陈玉琨，代蕊华，杨晓江，等.高等教育质量保障体系概论[M].北京：北京师范大学出版社，2004：11-14.
② 陈玉琨，代蕊华，杨晓江，等.高等教育质量保障体系概论[M].北京：北京师范大学出版社，2004：11-14.

面的功能：①

鉴定功能是政府或高校组织专家或建立机构，根据既定目标与标准，对高校在人才培养、科学研究、社会服务等方面的质量进行诊断评价，从而判断学校的各项教育活动是否达到了预定的目标和标准，起到鉴定学校教育质量是否达标的作用。

诊断功能是在高等学校教育活动评价的过程中，对教育活动的合理性、科学性、有效性等进行判断，并分析原因，提出相应的解决措施，供学校决策人员参考。

调控功能包括高等学校的自我调控和政府与教育主管部门的调控，高等学校通过对人才培养过程的自我监测和评估，可以及时获得质量建设的基本信息，并根据监测评估结果改进教育教学活动，及时调控完善人、财、物的保障工作，确保教育质量的不断提高。政府和教育主管部门根据教育质量评估的结果，可以对高校的教育活动提出问责和改进要求，达到调控目的。

监督功能是指高等教育质量保障体系建立后，一方面政府与社会可以通过对高校的质量评估与检查，了解高等教育的质量状况，并据此对学校提出问责和改进的要求，从而对高等学校的办学行为起到监督的作用；另一方面，高校通过内部自我的质量判断，对教育教学各环节是否符合规范、合乎要求等进行日常的监督。

导向功能主要表现在两个方面：一方面是对学校工作的引导，通过学校内外部的质量监测、评估等活动，可以及时了解政府、社会和学生等利益方对高等教育质量的需求和基本评价，发现学校在满足国家、社会和个体需求方面存在的问题和不足，进而引导学校改进相关工作；另一方面是对学校教师的教学观念和教学行为的引导，包括高等教育质量政策与质量文化对教师教育教学观的影响，以及质量保障举措对教师的教育教学行为的约束与规范。

激励功能主要体现在通过内外部的监测、评估等活动，增加了社会透明

---

① 陈玉琨，代蕊华，杨晓江，等.高等教育质量保障体系概论[M].北京：北京师范大学出版社，2004：11-14.

度，促使高校对自我生存与发展进行反思，促进质量意识和效益意识的觉醒，增强了学校对学生、对政府与社会的责任感。同时，随着评估结果的公开，促使学校关注其社会声誉，重视学校在发展中存在的不足和问题，刺激学校不断进取，不断改进学校的工作，激励学校不断改进提升质量。

三、高等教育质量保障方式的国际视野

在20世纪80年代之前，高等教育质量保障大多处于一种自发和零散的状态，由于影响力有限，质量保障问题并未引起过多关注。随着高等教育规模的持续扩张、国际竞争的加剧，如何提高高等教育经费投入绩效和保证质量成为高等教育发展的问题，由此将高等教育质量保障问题推向了前台。为回应多元利益主体对高等教育质量的关切，世界各国纷纷建立和完善高等教育质量保障体系，希望以此来提高本国或本地区的高等教育质量。在回应外部问责与提高质量的过程中，现代高等教育质量保障在美国和欧洲兴起并逐渐演变为高等教育领域的一项正式制度安排。[①]梳理不同国家和地区的质量保障实践来看，在应对高等教育质量问题的过程中，发达国家和地区形成了一套较为成熟且被效仿利用的质量保障体系和具体的质量保障措施。

（一）美国的高等教育保障模式

美国是最先建立现代高等教育质量保障体系的国家，包括欧洲在内的许多国家和地区在高等教育质量保障体系的建设上学习和借鉴了美国的做法。[②]美国对高等学校一直有公共监督的做法，早在20世纪初，为了调查高校办学质量和效益，由卡内基教育促进基金会发起了"院校调查"运动。这项调查运动持续30多年一直到1937年，230个政府机构、专业协会、社会团体参与了组织调查，调查涉及了40多个州的1887所学校。在这个过程中，学校的认证制度、专业认证制度、联邦政府数据收集制度等逐步得到建立，虽然校内专业定期审

---

① 苏永建.高等教育质量保障的历史演进、全球扩散与发展趋势[J].高等教育研究，2017（12）:1-11

② 孙进.德国高等教育认证——机构、程序与标准[J].高等教育研究，2013（12）：88-95

查、专业排名、从业资格证书考试等重要质量保障制度此前已经存在，但是这些做法在这个时期被进一步制度化了。[①]应该说，这场运动为美国现代高等教育质量保障制度的建设奠定了良好的基础。20世纪80年代开始实施的质量保障举措包括学术项目定期评审制度、大学排名制度、学生学习效果调查和毕业生跟踪调查等制度，这些制度都被很好地落实并延续下来。

1. 美国高等教育质量的外部保障机制

19世纪末20世纪初，产生于美国的"高等教育认证"被认为是现代意义上高等教育质量保障的滥觞。[②]院校认证和专业认证是美国高等教育外部质量保障的主要方式，它们在美国高等院校和专业的发展中起到了保证和监督作用。可以说高等教育质量保障体系是以评估认证活动为基础的。美国高等教育认证委员会把认证看作是"高等教育用以检查大学、学院以及专业项目，保证和提高质量的外部质量评估过程"。[③]

美国高等教育质量保障机制是实施以自我评估和同行评估为基础的质量认证制度，也是美国高校进行自我管理的重要手段之一。质量认证主要是由院校协会或专门职业协会下的独立认证的机构负责。这些机构是非政府，具有非官方性。机构负责制订院校认证和专业认证的准则，主要任务是评估院校和专业的质量，目的是协助院校提高质量。评估认证结果具有重要的作用，学校可以依据评估结果向政府提出自己的要求，社会可以利用评估结果选择学校、专业和毕业生。虽然政府机构不直接参与教育质量评估活动，但其过程和结果是得到政府的支持与认可的，且具有权威性。[④]

美国高等教育认证委员会负责协调美国高校的认证活动，是一个私立的、非营利的全国性组织，是美国国会、教育部和公众了解高校认证和质量保障情

① 赵炬明.超越评估（上）——中国高等教育质量保障体系建设之设想[J].高等工程教育研究，2008（06）：39-49
② 张民选.关于高等教育认证机制的研究[J].教育研究，2005（02）：37-44
③ 陈华仔，黄双柳.美国高等教育外部质量保障体系的百年发展[J].现代教育管理，2016（07）:61-65
④ 杨晓波，费爱心.美国高等教育质量保障机制探析[J].黑龙江高教研究，2008（05）：68-71

况的主要来源。认证委员会认可的认证机构主要有地区性认证机构、全国性认证机构和专业认证机构三大类。地区性认证机构承担了大部分高等院校的认证工作，在美国的认证体系中占有重要地位。它主要从办学宗旨、目标定位、办学条件、经费来源、师资质量、教学质量、学生管理、就业情况、办学效益等方面对高等院校进行整体性鉴定评估，以保证学校的办学条件和教育标准达到要求。全国性的认证机构主要负责对少数特定的院校进行认证。专业性认证机构主要负责对大学的专业院系和独立的专业学院进行鉴定评估，包括对工程、法学、商学院、医学、传媒等专业的课程设置和教学质量进行评估，保证学生从事专门职业工作之前的教育质量。[①]

2. 美国高等教育质量的内部保障机制

内部质量保障机制主要是高校内部的自我评估，包括对学校领导的任期和提升评估，同行专家组的科研评估、专业评估，学生对教师和教学的评估等方面。自评的主要任务是根据评估指标系统地收集各个方面的数据信息，为认证提供基本资料数据。内部自我评估是美国校园文化的传统组成部分，内部评估的方式很多，主要包括教师绩效评估、课程质量评估、院系评估、学生评估等。[②]内部自我评估的结果对学校规划制定、资源分配、新专业设置等有重要影响。[③]

内部质量保障的措施非常具体，包括通过招收最优秀的教师以确保优秀的师资队伍，从而提高教学质量；通过师资培训提高教师队伍的整体质量；通过招收最优秀的学生并提供奖学金和助学金以保障良好的生源质量；通过创造一流的环境提高学生的学习效率和教师的教学质量；通过调整课程设置、夯实专业基础实现学生综合发展的优势等等。[④]

总体而言，美国以认证为核心的高等教育质量保障体系还在不断地变化和完善之中，认证标准的重心逐步由对课程设置、教学过程、教学手段和各种资

---

① 郭春芳.美国高等教育的质量保障及其启示[J].福建教育学院学报，2013（01）：33-39
② 张德才.美国高等教育评估的策略与启示［J］.黑龙江高教研究，2008（09）：97-99.
③ 杨晓波，费爱心.美国高等教育质量保障机制探析[J].黑龙江高教研究，2008（05）：68-71
④ 杨晓波，费爱心.美国高等教育质量保障机制探析[J].黑龙江高教研究，2008（05）：68-71

源的重视，转向了对学生学习结果的强调。

（二）欧洲的高等教育质量保障

已有的研究表明，欧洲高等教育质量保障体系的建立和发展明显受到美国的影响。[1]欧洲各国高等教育质量保障体系的建立与欧洲的高等教育一体化运动有密切的关系。自1999年开始，欧盟国家执行博洛尼亚进程，推进欧洲高等教育一体化，目标就是在全欧洲范围内建立一个在学位标准和质量标准等方面统一的高等教育体系。为达成此目标，几乎所有欧洲国家都相继建立了高等教育质量保障机构。2002年这些组织进一步联合，成立了欧洲高等教育质量保障协会（ENQA）。ENQA成立后开展的第一项重要工作就是建立统一的欧洲高等教育质量保障标准。2005年ENQA完成了《欧洲地区高等教育质量保障标准和指南》（ESG）。[2]

ESG包括内部质量保障、外部质量保障、质量保障机构三个方面的内容：[3]

（1）内部质量保障标准。包括：①高校制定并公布质量保障的政策，并由内部利益相关者组织实施；②课程设置要确保以学生为中心，依据国家学位资格框架、教学目标和预期学习结果来确定，并能够对教学和学习结果进行评估；③质量保障涵盖全部学习周期，程序公平透明，内容包括学生入学、学习过程、学习结果的识别与认证等；④保障教师工作能力，组织教职员工的聘任并促进其专业发展；⑤保证经费投入，为教学和学习提供充足的资金，确保学生获得丰富的学习资源和便利的支持；⑥收集、分析相关信息，为有效管理课程教学及其他相关活动提供信息支撑；⑦确保清晰、准确、客观、容易获得课程等相关活动信息；⑧定期监测和检查教学活动，满足学生和社会的需要，持续改善教学活动，并将结果反馈给利益相关者；⑨定期进行外部质量保障活动。

---

[1] 苏永建.高等教育质量保障的历史演进、全球扩散与发展趋势[J].高等教育研究，2017（12）：1-11

[2] 赵炬明.超越评估（上）——中国高等教育质量保障体系建设之设想[J].高等工程教育研究，2008（06）：39-49

[3] 王新凤，钟秉林.欧洲高等教育区质量保障的发展趋势与经验借鉴[J].中国大学教学，2017（12）：84-90

（2）外部质量保障标准。包括：①外部质量保障应该有利于促进高校内部质量保障的有效性；②保障机构设置应充分考虑利益相关者的需求，契合教育目的和目标；③质量保障活动由学生、同行、专家等组成的专家组参与；④质量保障程序包括自我评估报告、外部评估活动、评估报告、改进反馈；⑤公开发布专家报告，使学者、合作伙伴及感兴趣的个人都方便获得；⑥设置外部质量保障的投诉和申诉程序，确保与高校的良好沟通与反馈。

（3）质量保障机构标准。包括：①质量保障机构要确保利益相关者参与其中，定期开展外部质量保障活动，确定并公布其目的、目标和任务；②根据相应的法律依据开展质量保障活动，并得到主管部门的正式确认；③机构运行及其结果不受第三方制约，保持独立性和自主性；④定期公布相关专题报告，描述和分析评估结果；⑤应有充足和合适的人力和财力资源，确保工作顺利开展；⑥应有负责机构内部工作程序的部门，确保质量保障活动的整体性和实效性；⑦应至少五年一次接受周期性的外部审查。

在《欧洲教育和培训合作战略框架》的指导下，欧盟委员会制定了高等教育质量保障的具体目标，包括：①建立有效的质量保障体系；②确保高质量的教学；③提高教育和培训机构的治理能力和质量；④教育资源的可持续利用；⑤在教育和培训中推广以证据为基础的政策和做法。质量保障的内容是对教育系统的全面审查。保障方式包括学校自我评估、外部评估、教师和学校领导的评估以及学生评估。[①]

（三）质量保障的模式与基本趋势

联合国"教育2030"行动框架提出了要"确保全纳公平的优质教育，促进全民终身学习"，其核心理念是对"什么是质量""谁的质量"及"如何评价质量"三个基本问题的不同解答。对此总结了"学习者中心"模式、"输入—过程

---

① 陈新忠，李保忠. 比较视域下高等教育质量保障的国际经验与启示——基于UNESCO、OECD、EU政策文本分析[J]. 现代教育管理，2021（01）：113-120

—输出"模式及"多维社会互动"模式三种主要的教育质量保障模式（见表1-2）。[①]"学习者中心模式"强调以学生为中心，关注学生的学习过程与获得，保障的目的是促进学生的发展。"输入—过程—输出"模式从系统论的角度出发，对投入—产出全过程进行量化评价，以保证每个过程和环节的价值收益。"多维社会互动"模式指高等教育质量要对利益相关者负责，满足不同的质量需求，构建多元质量观，强调多因素的互动融合和平衡。

表1-2 国际组织关于教育质量保障的三种模式

	什么是质量	谁的质量	如何评价质量	主要贡献
学习者中心模式	对人权强有力的、明确的尊重的教育系统	学习者、儿童	从学习者的个体发展及外部系统的支持性两方面评价	质量保障必须以学习者为本位，以促进学习为中心
输入—过程—输出模式	教育资源投入的效益，系统运作的效率，学习者的学习成果	淡化价值主体，强调工具理性	量化评价	对输入—过程—输出的全方位关注；评价方式的科学化，可操作性强
多维社会互动模式	教育质量是对不同利益相关者需求的满足，难以统一界定。	学生、教师、家长、社区、专业组织、市场、政府等	多主体的混合方法论	多元质量观，强调历史、社会、经济、政治和文化等背景因素的重要性

从世界各国不同的保障措施来看，现代高等教育质量保障大致包括四种方式：一是传统的同行评价方式，包括对院校使命和目标进行考察认证、对学校声誉进行排名和评级、考察同行评价的项目评审；二是制定绩效证据、关注增值问题的评估与学习成果运动；三是关注持续改进和顾客满意度的全面质量管理（TQM）运动；四是实施定期问责和绩效指标报告。[②]从各国质量保障的实践来看，这四种方式在所有的高等教育质量保障模式中都有不同程度的体现。可以说，经过不断的发展，质量保障已经成为整个高等教育系统为应对未来社会发展和要求而建构的一种正式的制度安排。它不是少数院校为了控制质量而

① 吴凡. 面向2030的教育质量：核心理念与保障模式——基于联合国教科文组织等政策报告的文本分析[J]. 教育研究，2018（01）：132-141
② 苏永建. 高等教育质量保障的历史演进、全球扩散与发展趋势[J]. 高等教育研究，2017（12）：1-11

偶尔为之的自发行为，也不仅仅是一种实现问责与提高质量的技术工具。

总体来看，在全球化时代，高等教育质量保障在理念、制度、具体实施路径等诸多的方面都表现出共性的特征，都将"问责"作为质量保障的核心价值理念，设置有专门的质量保障机构，遵循基本一致的规则和实施程序。[①]

高等教育质量评价在理念和模式等方面趋于融合，呈现出大体一致的发展趋势。一是强调学生中心理念。质量保障以学生利益作为重点，将学生作为核心利益群体参与高等教育质量保障过程。质量评价强调以学生学习结果为导向，将学生的学习过程和学习效果作为评价教学质量的重要标准，注重学习效果的跟踪与评价。二是寻求"问责"与"改进"之间的平衡。从世界范围内高等教育质量保障的发展趋势来看，国家权力渗透下的外部问责的后果日益遭到院校和学术人员的批判与抵制，因此，高等教育质量保障逐渐趋于寻求问责与质量改进的平衡，[②]并逐步减弱问责的程度，转而将基于院校自我发展的质量提高作为质量保障发展的主要方向。三是推进质量文化建设。在评价导向方面，强调通过外部质量评估活动，推动学校内部质量监控与保障体系的构建与完善，形成持续改进的质量文化。四是强调高校质量建设和保障的主体责任，要注重发挥专家优势，强调政府、用人单位、行业企业、学生等多元利益群体共同参与构建高等教育质量评价的价值体系。总之，世界各国质量保障呈现出共性趋势，高等教育质量保障的模式从相对单一走向逐步融合，为我国构建普及化阶段的高等教育质量保障体系提供了重要借鉴。[③]

四、我国高等教育质量保障的现状

21世纪以来，我国高等教育事业迅速发展，高等教育规模不断增大，2019年中国高等教育的毛入学率首次突破50%，达到了51.6%，标志着中国的高等教育已经从大众化阶段迈入了普及化阶段。[④]高等教育的发展方式正在从以规模

① 苏永建. 高等教育质量保障的历史演进、全球扩散与发展趋势[J]. 高等教育研究，2017（12）：1-11
② 苏永建. 高等教育质量保障的历史演进、全球扩散与发展趋势[J]. 高等教育研究，2017（12）：1-11
③ 钟秉林. 普及化阶段我国高等教育质量保障体系的构建[J]. 河北师范大学学报（教育科学版），2020（02）：1-3
④ 钟秉林. 构建高质量高等教育体系[N]. 中国民族报，2021-11-2

扩张的外延式发展，转变为以优化结构和提高质量为核心的内涵式发展。在普及化的进程中，要解决规模扩张与质量保障之间的矛盾，必须要树立适合经济社会需求和教育发展规律的多元化的高等教育质量观，构建和完善分类评估的质量标准、指标体系和评估方案。①

"从20世纪80年代的世界质量保障运动开始，质量评估就一直是质量保障的主要技术。"②纵观世界各国的高等教育质量保障方式，评估和认证是两种最基本的方式。目前，我国的高等教育质量保障体系也是将评估、专业认证、常态监测等作为主要的保障手段。教育部按照管办评分离的原则，理顺中央与地方政府、高校与社会之间的关系，积极推进高等教育治理体系与治理能力的现代化，建立和完善高等教育质量分类标准体系，健全高等教育质量评价体系，实施包括自我评估、院校评估、专业认证与评估、国际评估、教学状态常态监测在内的"五位一体"的教学评估制度。教育部启动了本科专业认证工作，发布了专业认证的三级指标体系，积极推动工程、医学和师范类专业认证工作。根据我国高等教育从大众化向普及化阶段发展的特点进行的这些制度性的探索，体现了我国高等教育质量保障的基本理念和思路，以及坚持质量为本、分类管理、分类评估的价值导向。

---

① 钟秉林，王新凤.迈入普及化的中国高等教育：机遇、挑战与展望[J].中国高教研究，2019（08）：7-13
② 杨立军，颜晓红，李玉倩，等.技术与文化的融合：构建高校教学质量保障体系的路径[J].大学（学术版），2013（03）：15-21+14

第二章
新建地方本科师范院校质量生成基础

何谓"新建地方本科院校"，学者们根据设立时间、属性、发展阶段等不同有不同的定义，如顾永安认为"新建本科院校系指我国高校布局结构调整、高校开始扩招以来，通过合并或者独立升格或转制升格或转设的具有全日制本科招生资格的公办和民办普通本科高校，其本科办学时间较短"[①]。韩延明将新建本科院校定义为，"一般来说，是指在2000年前后整合而成的由省、地（市、州、盟）共管，地（市）投资举办的，主要为本地（市）经济和社会发展服务的综合性本科高校"[②]；刘克宽在其研究中认为，新建本科院校是"本科办学历史短、办学模式和办学理念都未形成自我优势的高等学校"[③]；赵卫平认为"我国高等教育是一种等级态势明显的系统，这个系统大致可以分为七层，从上到下分别是：属于'985'工程高校可以分为三层，建有研究生院的高校属于第四层，'211'工程高校是第五层，普通本科高校属于第六层，高职高专院校是第七层，新建本科高校在这个系统的地位是从专科教育阶梯上升到本科院校的阶梯上，但在本科高校的梯级上则处在最底层"[④]。综合学界多数的研究来看，比较普遍的观点认为，新建地方本科高校一般是指21世纪初，我国高等教育由精英化向大众化迈进的过程中，由专科层次高校或成人高校通过升格、重组、合并等方式，先后新建的一批普通本科高等学校。这些本科高校经教育部批准，

---

① 顾永安. 新建本科院校转型发展论[M]. 北京：中国社会科学出版社，2012：19
② 韩延明. 创新新建本科院校管理体制探究[J]. 高等工程教育研究，2009（04）：100-104
③ 刘克宽. 试论新建本科学院的跨越式发展策略[J]. 泰山学院学报，2003（01）：108-112
④ 赵卫平. 新建本科高校如何走出定位的误区[J]. 中国成人教育，2007（08）：52-53

均属地方管理或中央与地方共建，以地方管理为主的高校。由此来说，新建地方本科院校的历史很短，迄今为止不过短短20来年。回顾其产生和发展的历程，它与我国高等教育根据国家社会经济发展的要求所进行的管理体制的优化调整以及高校的扩招是密不可分的。

第一节　新建地方本科院校发展概况

一、发展背景：经济社会发展的推进

继20世纪50年代高等教育管理体制建成后，我国高等教育基本形成了中央和地方两级管理的格局，中央管理的高校（行业高校）分散在国家各部委。高等教育办学主体是以国家为主体，高校的举办者、投资者、管理者都是以国家为主，国家或各级政府在其中起着决定性作用。1999年以来，我国开始进行高等教育管理体制上的重大调整，两次把原属国家各行业部门所举办的200多所高校或划转为由教育部管理，或划转为地方政府管理。这种调整打破了我国长期形成的部门办学的格局，但办学主体并没有发生根本性的转变，仍然是国家或各级地方政府，投资体制和管理体制的变化只是从一个部门划转到另一个部门，在总体上，仍然没有跳出国家（政府）办学的模式。[1]20世纪末，为了解决我国教育发展水平较低，在教育体制、教育观念、教育结构和教育布局等方面与21世纪我国现代化建设的需求不相适应等问题，党的十五大报告明确提出："培养同现代化要求相适应的数以亿计高素质的劳动者和数以千万计的专门人才，关系21世纪社会主义事业的全局。稳步发展高等教育。优化教育结构，加快高等教育管理体制改革步伐，合理配置教育资源，提高教学质量和办学效益。"[2]为了实现党的十五大所确定的目标与任务，落实科教兴国战略重大部署，全面推进教育的改革和发展，提高全民族的素质和创新能力，1999年1月

---

[1] 潘懋元，邬大光.世纪之交中国高等教育办学模式的变化与走向[J].教育研究，2001（03）：3-7
[2] 中国共产党第十五次全国代表大会报告. https://www.cctv.com/special/777/1/51883.html

国务院以国发〔1999〕4号文批转教育部《面向21世纪教育振兴行动计划》，行动计划的主要目标是"稳步发展高等教育，到2000年，高等教育入学率达到11%左右，瞄准国家创新体系的目标，培养造就一批高水平的具有创新能力的人才；到2010年，高等教育规模有较大扩展，入学率接近15%，若干所高校和一批重点学科进入或接近世界一流水平"[1]。同年7月，我国国民经济和社会发展计划作出了一项重大发展战略调整——高校扩招，由此，我国高等教育规模进入了迅速扩张时期。在这一时期，我国高等教育办学模式发生了若干重大变化，伴随着高等教育的扩招而开始出现卖方市场现象，国外高等教育机构、民办高等教育、产业方式运作的教育集团、国有民营二级学院等纷纷进入我国高等教育市场，使得以国家投入为主体和国家管理为主要运行机制的模式悄然发生了新的变化。[2]2000年，我国高等教育结束了部门办学体制，由中央和省级政府两级办学、以地方管理为主的新体制框架基本确立。[3]教育部直接管理了70多所重点高校，中央部委除保留少数特殊需要继续管理外，其余均下放至地方，由中央部委与地方共建，以地方管理为主。一些地方高校也借此机会根据实际需要进行了相应的调整，通过合并、重组、改制等方式，解决了一些长期得不到解决的难题，如高等学校重复设置、单科性学校过多、办学规模效益低等问题。[4]在国家主导并强力推进的扩招政策驱动下，一大批新建地方本科高校在这个时期应运而生，且规模得到迅速发展。

回顾我国高等教育从大众化到普及化的过程，是在"共建、调整、合作、合并"方针指引下，以政府推动为基本力量，以高校扩招为基本方式，以地方高校为主要承载者，以快速扩张为鲜明特征，服务于经济社会发展远大目标的历史进程，"是一种计划性的规模增长过程"，[5]这种国家政策驱动的跨越式发

---

[1] 面向21世纪教育振兴行动计划(摘要)[J].中国高等教育，1999（06）：3-7

[2] 潘懋元，邬大光.世纪之交中国高等教育办学模式的变化与走向[J].教育研究，2001（03）：3-7

[3] 梁彤，贾永堂.我国高等教育大众化道路的历史考察——基于发展型政府理论的分析[J].高等教育研究，2019（04）：14-22

[4] 梁彤，贾永堂.我国高等教育大众化道路的历史考察——基于发展型政府理论的分析[J].高等教育研究，2019（04）：14-22

[5] 钟秉林，王新凤.迈入普及化的中国高等教育：机遇、挑战与展望[J].中国高教研究：2019，（12）：7-13

展，使我国高等教育在短时间内取得了举世瞩目的成绩。应该说在这个快速发展过程中，新建地方本科高校也得到了前所未有的发展机遇，使得地方高校布局结构得以完善。

二、发展规模：政府主导下的快速扩张

历年全国教育事业发展统计公报数据显示，1998年以来，除了成人高等学校数处于下降之中外，无论是全国高等学校数、普通高等学校数、本科院校数还是高等教育总规模、普通高等教育在校生人数等，都处于快速的增长之中（如图2-1所示）。

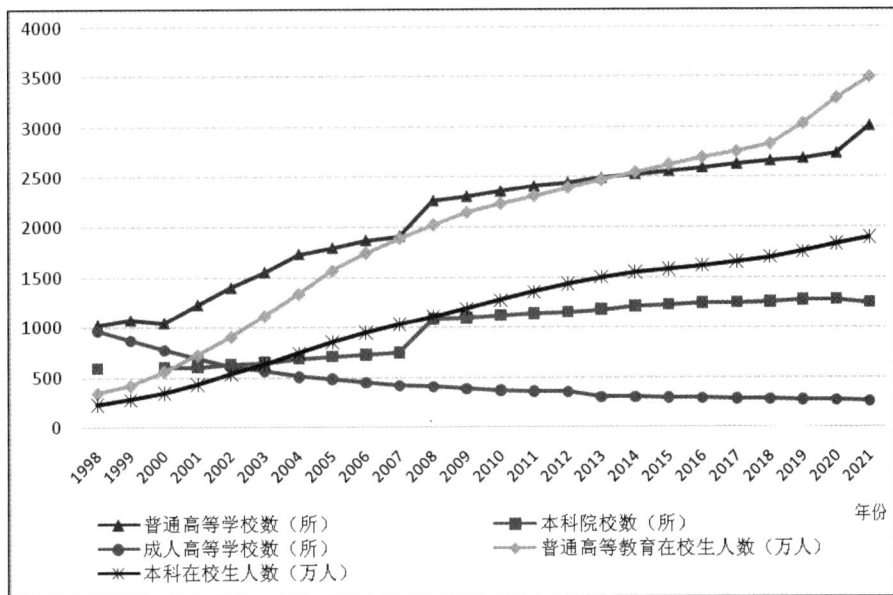

图2-1 1998—2021年高等学校数和在校生人数变动情况
数据来源：根据1998—2021年全国教育事业发展统计公报数据整理绘制。

1998—2021年，全国普通高等学校数由1022所增长到3012所，增长2.95倍，其中本科院校由590所增长到1238所，增长2.1倍；高等教育在学规模从623万人增加到4430万人，普通高等教育在校生人数由340.87万人增加到3496.13万人，增长10.26倍，其中本科在校生人数由223.46万人增加到1893.10万人，增长8.47倍；相比之下，成人高等学校数量在逐步减少，从1998年的

871所减少到2021年的256所，减少了70.6%倍。高等教育毛入学率由9.8%持续增长到57.8%。

全国普通高等学校数在2001—2010年十年间，增幅较大，2008年增幅最大，比上年净增355所，2021年当年净增274所；与此相对应，本科院校数增幅最大的也是2008年，比上年净增339所；本科在校生人数增幅整体处于波动状态，其中最低的增幅是2015年，相比上年净增35.61万人；普通高等教育在校生人数增幅较大的是2000—2010年、2019—2021年两个时间段（如图2-2所示）。2019年到2021年普通高等学校数和在校生人数处于迅速增长的原因，主要是高职院校的扩招。2019年，时任国务院总理李克强在政府工作报告中，首次提出2019年要对高职院校实施扩招，人数是100万人，涉及1418所高职院校，2020年两会上，李克强在作政府工作报告时，又明确提出"今明两年高职扩招200万"的任务。受此影响，我国高等教育毛入学率由2018年的48.1%迅速攀升到2021年的57.8%，三年时间增加了近10%。高等教育已经从大众化迅速迈入普及化阶段。

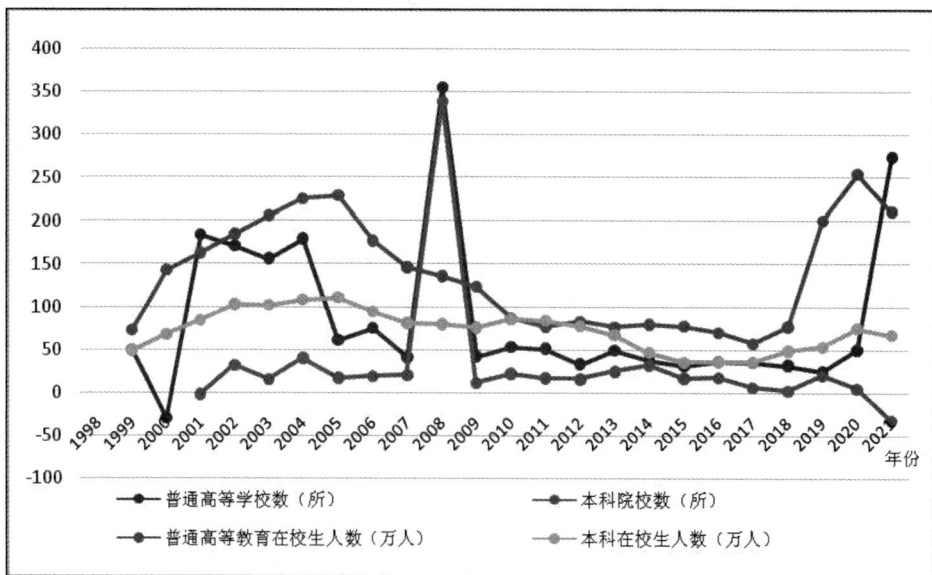

图2-2　1998—2021年普通高等学校数和在校生人数年增量情况
数据来源：根据1998—2021年全国教育事业发展统计公报数据整理绘制。

2000—2017年，全国共有新建本科高校697所，其中位居东部地区的有289所，中部地区的有231所，西部地区的有177所（见表2-1）。2017年全国教育事业发展统计公报数据显示，全国共有普通高等学校2631所（含独立学院265所），其中本科高校1243所，据此计算，新建地方本科高校占全国普通高校的比例达56.07%。2019年在江苏无锡举行的全国新建本科院校联席会暨第十九次高等峰会上使用的数据显示，全国有693所新建本科院校，占我国本科院校的56.88%。[①]无论是2017年还是2019年的数据都充分说明新建地方本科高校在全国本科高校中占据了"半壁江山"，是推动我国高等教育大众化及普及化过程中的重要生力军，在我国高等教育体系中具有不容忽视的重要地位。

表2-1　2000—2017年我国新建地方本科高校升本时间

序号	省份	总数	升本时间（年）			办学性质		所属区域
			2000—2005	2006—2010	2011—2017	公办	民办	
1	北京	12	7	2	3	5	7	东部
2	天津	12	7	4	1	1	11	东部
3	河北	43	24	7	12	19	24	东部
4	辽宁	25	11	3	11	5	20	东部
5	上海	17	8	2	7	10	7	东部
6	江苏	38	28	3	7	12	26	东部
7	浙江	35	21	8	6	13	22	东部
8	福建	27	13	6	8	13	14	东部
9	山东	38	20	9	9	15	23	东部
10	广东	38	18	8	12	15	23	东部
11	海南	4	0	2	2	2	2	东部
12	吉林	17	10	3	4	6	11	中部
13	黑龙江	20	7	2	11	8	12	中部
14	山西	21	12	2	7	11	10	中部
15	安徽	27	18	5	4	12	15	中部
16	江西	30	20	2	8	11	19	中部

① 柯进. 693所新建本科院校如何发展——城校共生成新建本科新愿景[J]. 教育现代化，2020（02）：68

序号	省份	总数	升本时间（年）			办学性质		所属区域
			2000—2005	2006—2010	2011—2017	公办	民办	
17	河南	39	17	7	15	21	18	中部
18	湖北	42	22	4	16	9	33	中部
19	湖南	35	25	5	5	16	19	中部
20	四川	30	13	6	11	14	16	西部
21	云南	21	12	3	6	12	9	西部
22	贵州	22	11	6	5	13	9	西部
23	重庆	13	8	1	4	5	8	西部
24	广西	24	11	5	8	12	12	西部
25	陕西	30	18	8	4	9	21	西部
26	甘肃	13	8	2	3	8	5	西部
27	宁夏	5	2	2	1	1	4	西部
28	内蒙古	9	2	4	3	7	2	西部
29	青海	1	1	0	0	1	0	西部
30	新疆	8	6	0	2	3	5	西部
31	西藏	1	0	0	1	1	0	西部
	合计	697	380	121	196	290	407	
	占比		54.52%	17.36%	28.12%	41.61%	58.39%	
	占比	东部	41.46%	中部	33.14%	西部	25.39%	

资料来源：此表根据有关公开资料整理而成。

表2-1数据显示，2000—2005年升本的高校占54.52%，2006—2010年升本的高校占17.36%，2011—2017年升本的高校占28.12%；公办高校占41.61%，民办高校占58.39%；地处东部发达地区的新建地方本科院校占41.46%，地处相对欠发达的中部、西部地区合计占58.53%；东部地区在不同时段升本的地方本科高校数量均高于中西部地区；2006—2010年东、中、西部升本高校数量均相对较低；且东、中、西部民办数量均高于公办高校数量。总体来看，新建地方本科院校数量呈现民办多、中西部多、扩招政策实施前期多的特点（如图2-3所示）。

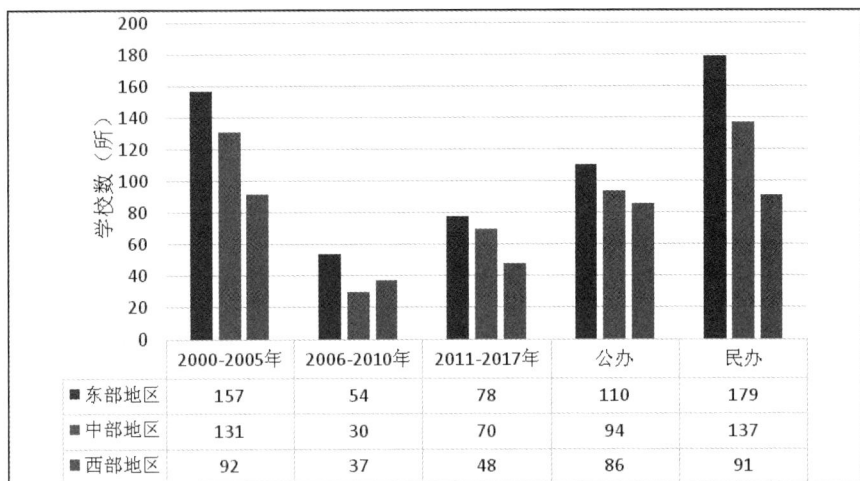

图 2-3　2000—2017 年东中西部升本的新建地方本科高校数量情况

纵览我国新建地方本科院校发展历程，大体经历了两个阶段：

第一个阶段是从 1999 年到 2015 年。这一阶段表现为大量专科院校和成人院校通过合并、转制等方式升格为普通本科院校，是对我国高等教育结构调整有着重大影响的时期。之后，院校升格工作基本完成，相关政策与制度也趋于成熟。但新建地方本科院校在升本之后，经过十多年的发展，由于缺乏本科办学经验，办学基础薄弱，办学目标和发展思路不清晰，办学模式大多模仿办学历史长的老本科院校的做法，升本时间短，办学特色尚未形成，且完成层次跃迁的过程带有强烈的功利性和盲目性，因此无论是生源质量、师资力量与水平、软硬件设施及办学水平都与优质高等教育存在较大差距。

第二个阶段是从 2015 年至今。新建本科院校新增数量逐渐下降，规模增速趋于缓慢，自 2017 年到 2021 年间，符合新建本科院校的定义的新设置院校只有 37 所。这一阶段新建本科院校在总结前一时期经验的基础上，在国家引导地方本科院校向应用型转型这一重大政策背景下，新建本科院校由专科办学转为普通本科办学后，经历了第二次重大转折：向应用型转型，开启了探寻自身发展特色之路的阶段。相较第一阶段的升本来讲，应用型转型也是一种层次的跃迁，这一阶段无论是对于新建本科院校自身的发展还是对于我国高等教育质量整体的提升都有更为重要的意义。[1]纵观新建地方本科院校转型的实践，从内驱力上看有两种情况：一种是"积极主动型"，这类院校地处经济较为发达区域，或是专业设置、人才培养模式本身就侧重于应用型的新建本科院校，这些院校在转型过程中充分抓住国家政策机遇，积极主动进行转型。另一种是"盲目被动型"，这类院校普通本科升格时间不长，对本科办学定位、办学方法、学科专业建设等还没有清晰明确的认识，办学过程中往往模仿其他高校的做法进行专业、学科建设，在这一次转型浪潮中，对国家引导地方本科院校向应用型转型的政策本质理解不透彻，为抓住政策红利，盲目追随其他高校的做法，虽然在办学定位上贴上了"应用型"的标签，但办学行为上与应用型办学相距甚远。

三、转型发展：生存发展的必由之路

（一）国家政策驱动

在国家相关政策的积极推动下，我国高等教育无论是院校数量还是招生规模都得到快速增加和扩大，实现了连续多年的快速扩招，高等教育总规模不断上升，在2001年、2004年、2010年、2019年分别突破了1000万人、2000万人、3000万人、4000万人大关。高等教育毛入学率在2002年、2005年、2012年、2015年、2019年分别突破了15%、20%、30%、40%和50%，截至2021年已经达到了57.8%。毛入学率由10%增长到20%、20%增长到30%分别大约用了7年时间，但是由30%增长到40%只用了3年时间，由40%增长到50%也只用了不到4年的时间。增速最快的时间是2012年之后（如图2-4所示）。

---

[1] 熊继承，谢冬平.制度同形：新建本科院校制度运作逻辑与困境[J].中国人民大学教育学刊，2022（03）：78-91

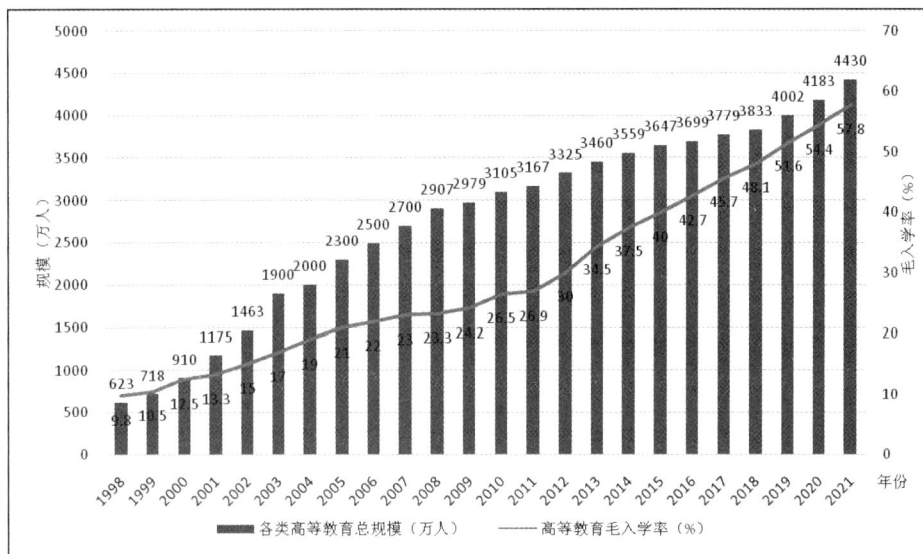

图2-4　1998—2021年我国高等教育总规模和毛入学率
数据来源：根据1998—2021年全国教育事业发展统计公报数据整理绘制。

按照美国马丁·特罗（Martin Trow）对高等教育发展阶段的界定："当一个国家大学适龄青年中接受高等教育者的比例在15%以下时，属于精英的高等教育阶段；15%～50%为大众化高等教育阶段；50%以上为普及化高等教育阶段"。①从实现高等教育毛入学率从10%到20%的目标过程来看，美国、法国、日本分别用了20年、13年和10年，而我国仅仅用了7年，毛入学率从15%到50%，我国也仅用了17年。我国高等教育在极短时间内从精英教育阶段连续进入大众化、普及化阶段，这在世界高等教育史上都是十分罕见的。再从招生数据来看，从1999年起，我国普通本专科的实际招生数比计划招生数超出十几万甚至几十万人，其中2000年、2002年、2003年、2004年的实际招生数均超出计划40万人以上。②毛入学率也是持续超前完成计划指标，如在1999年6月国务院作出的《关于深化教育改革全面推进素质教育的决定》中，毛入学率计划到2010年达到15%，而实际达成年份是2002年，在2010年下发的《国家中长

① 朱晓刚，别敦荣. 毛入学率20%将意味着我国高等教育进入大众化阶段[J]. 辽宁教育研究，2002（06）：14-17
② 张应强，彭红玉. 高等教育大众化时期地方政府竞争与高等教育发展[J]. 高等教育研究，2009（12）：2

期教育改革和发展规划纲要（2010—2020年）》中，毛入学率计划到2020年达到40%，而实际达成年份是2015年。超额完成目标这一现象至少说明了高等教育规模扩张带来了巨大经济社会效益，这足以成为地方政府发展区域经济和高校追求规模效益的重要诱因，从而引发了其对扩大高等教育规模的执着和狂热。[①]在这种巨大力量的推动下，也必然给新建地方本科高校带来增长的失控和规模的巨大压力，规模迅速增加的结果，使高校有可能出现专业设置上的盲目性、人才培养目标定位的不明晰、师资等教学资源的严重短缺，甚至人才培养质量不高等突出问题。事实上，从多数新建地方本科高校的办学实践中也普遍反映了的确存在这些问题和矛盾。

显然，面对如此庞大数量的新建地方本科院校和人才培养规模，必然会引发政府对办学质量的重视，如何使地方新建本科高校的人才培养更好地适应变化的供求关系和变化的国际环境，适应变化的教育对象和变化的资源条件；如何破解低水平、同质化、人才培养质量不高、与社会需求脱节等难题，优化高等教育结构，提高人才培养质量，使办学更加具有特色、更加符合地方经济社会发展的需要，已然成为我国高等教育亟待解决的重要问题。

针对部分新建地方本科高校办学定位不清、与应用脱节等根本性问题，国家出台了一系列的应用型转型政策，要求地方高校办学要适应地方经济社会发展的需要，旨在推动新建地方本科院校的良性发展和持续发展。从21世纪初开始，部分新建本科高校在人才培养上探索打造应用性办学特色，探索应用型人才培养路径，提出了应用型本科的概念。[②]2003年开始的全国本科高校评估工作，要求参与评估的高校必须对学校的办学定位和办学特色进行确定，这引发了对高校分类和定位的讨论，刘献君认为可以将培养应用型人才的新建本科高校划入"教学服务型"大学类。[③]2010年7月出台的《国家中长期教育改革与发展规划纲要（2010—2020）》提出"适应国家和区域经济社会发展需要……重

---

① 贾永堂，罗华陶. 新中国高等教育发展道路的历史考察——基于后发展理论的分析[J]. 高等教育研究，2016（05）：1-12

② 潘懋元. 什么是应用型本科？ [J]. 高教探索，2010（01）：10-11

③ 刘献君. 建设教学服务型大学——兼论高等学校分类[J]. 教育研究，2007（07）：31-35.

点扩大应用型、复合型、技能型人才培养规模"。①2014年1月，时任教育部部长袁贵仁在全国教育工作会议上的讲话中强调："教育部将出台关于引导地方本科高校转型发展的指导意见，引导一批本科高校在办学思路、模式、方法上向应用技术大学转变。"2014年2月26日，时任国务院总理李克强在国务院常务会议上提出要求："建立学分积累和转换制度，打通从中职、专科、本科到研究生的上升通道，引导一批普通本科高校向应用技术型高校转型。"②教育部2015年工作要点明确提出要"推动高等教育布局结构优化和地方高校转型发展。印发引导部分地方本科高校向应用技术型高校转型发展改革试点的指导意见，启动改革试点，有序引导部分有条件、有意愿的地方高校转型发展。"③2015年3月5日，李克强在十二届全国人大三次会议政府工作报告中再次重申：要"引导部分地方本科高校向应用型转变"。④2015年10月，教育部、国家发展改革委、财政部联合印发了《关于引导部分地方普通本科高校向应用型转变的指导意见》，对地方普通本科高校向应用型转型的指导思想、基本思路和主要任务做出了具体规定。⑤在《中共中央关于制定国民经济和社会发展第十三个五年规划的建议》中，也明确提出了"要优化学科专业布局和人才培养机制，鼓励具备条件的普通本科高校向应型转变"。⑥2019年2月国务院印发《国家职业教育改革实施方案》，提出了"一大批普通本科高等学校向应用型转变"的发展要求。⑦

① 国家中长期教育改革和发展规划纲要(2010—2020年). 中华人民共和国教育部政府门户网站. http://www.moe.gov.cn/srcsite/A01/s7048/201007/t20100729_171904.html?gs_ws=tqq_635879677144434007

② 李克强主持召开国务院常务会议（2014年2月26日）_国务院历次常务会议.中国政府网.https://www.gov.cn/guowuyuan/2014-02/26/content_2622744.htm

③ 教育部2015年工作要点. 中华人民共和国教育部政府门户网站. http://www.moe.gov.cn/jyb_sjzl/moe_164/201502/t20150212_185801.html

④ 李克强在十二届全国人大三次会议上作的政府工作报告——中国科学院. https://www.cas.cn/gdxx/201503/t20150306_4318357.shtml

⑤ 教育部、国家发展改革委、财政部. 关于引导部分地方普通本科高校向应用型转变的指导意见. 中华人民共和国教育部政府门户网站. http://www.moe.gov.cn/srcsite/A03/moe_1892/moe_630/201511/t20151113_218942.html

⑥ 新华社. 中共中央关于制定国民经济和社会发展第十三个五年规划的建议［EB / OL］.（2015-11-03）［2018-08-01］. http：//www. gov. cn / xinwen / 2015-11 / 03content_50004093. htm.

⑦ 国务院关于印发国家职业教育改革实施方案的通知（国发〔2019〕4号）_政府信息公开专栏. http://www.gov.cn/zhengce/content/2019-02/13/content_5365341.htm

梳理上述国家关于普通本科高校应用型转型的一系列政策要求，充分表明引导地方新建本科高校科学定位与特色发展，推进地方本科高校培养应用型人才，服务区域经济社会建设和重点产业发展，已成为经济发展新常态背景下我国高等教育大众化及普及化阶段的必然选择。引导部分地方普通本科高校转型发展落实了国家高等教育分类发展的要求，同时也是深化高等教育综合改革、优化高等教育结构、增强高等教育服务国家和地方经济社会发展能力的重要举措。国家要求部分普通本科高等学校向应用型转变的决定作出后，各地相继出台文件和政策，制定了应用型高校建设的计划，提出了应用型高校建设要求，积极推动地方本科高校主要是新建本科高校向应用型发展。有资料表明，2016年上半年全国已有300多所地方高校制定了应用型高校建设方案，约占地方高校半数以上。①对地方高校而言，向应用型转型是学校主动服务地方需求，深化改革、促进内涵发展、增强发展能力的必然要求。但是，我们要清醒地认识到，部分地方本科高校存在着办学定位和发展目标不清晰、学科专业设置与地方产业行业错位、师资力量薄弱、学生实践应用能力欠缺、学校服务地方能力不强等突出问题。因此，到底如何转？转什么？转向何方？这是新建地方本科高校需要首先搞清楚的根本问题。

时任教育部部长袁贵仁在2015年全国教育工作会议上的讲话强调指出"转型的关键是学校要明确办学定位、突出应用凝练办学特色、转变办学方式，要把办学思路真正转到服务地方经济社会发展上来，转到产教融合校企合作上来，转到培养应用型技术技能型人才上来，转到增强学生就业创业能力上来。"②时任教育部高等教育司司长张大良认为"地方本科高校在办学定位上，必须坚持以地方需求和学生就业为导向，不能好高骛远、脱离实际，而应立足'地方性''应用型''重特色'的办学定位，确定学校发展目标，明确发展思

① 陈国龙，林素川. 深化"四位一体"转型 改革构建应用型高校办学体系[J]. 中国高等教育，2017（22）：36-39.
② 全面深化综合改革 全面加强依法治教 加快推进教育现代化——袁贵仁部长在2015年全国教育工作会议上的讲话. 中华人民共和国教育部政府门户网站. http://www.moe.gov.cn/jyb_xwfb/moe_176/201502/t20150212_185813.html

路，设计发展路径。"①黄百炼在"地方高校转型发展"专题调研会上提出，"国家引导部分地方高校向应用型转变，是要求这些高校准确定位，明确三个方面的问题：一是学校办学定位要体现为地方经济社会发展服务，二是学科专业设置要围绕地方经济发展需求，三是人才培养要改变传统满堂灌、一言堂的模式。致力于解决学生的三个能力，即知识更新能力、创新创业能力和服务社会的能力。"②

（二）院校自我驱动

新建地方本科院校的应用型转型是高校落实国家高等教育分类管理的客观要求，也是学校高质量发展的必然选择。随着工业化、信息化、城镇化进程的逐步加快，以及现代战略性新兴产业的迅猛发展，我国经济发展正处于优化经济结构、转变发展方式与经济增长动力的关键时期，已经由高速增长阶段转向高质量发展阶段，在这种经济"新常态"背景下，急需一大批具有创新能力的高素质应用型、复合型人才，以满足社会经济转型的需求。高新技术产业蓬勃发展，但支撑国家重点产业、区域支柱产业发展的高素质技术技能人才的供给严重不足，成为制约我国产业结构调整和升级的主要因素之一。因此，推动地方本科高校应用型转型，确立高校在地方经济社会发展中的定位和地位，协调人才培养与产业结构、行业发展的关系，培养高素质应用技术型人才，寻求地方本科高校内涵上的突破和提升，不仅是高等教育普及化时期的必然要求，更是地方本科高校应对地方社会经济发展的客观需要和主动选择。

新建地方本科院校应用型转型是高校内涵提升的必由之路。高等教育大众化发展阶段，我国高等教育不但实现了由"相对落后"到"规模第一"的伟大变革，而且开始了由"规模扩张"到"内涵提升"的巨大转变。从20世纪80年代高等教育的全面复兴，到90年代的重点高校先行推进、21世纪初实施高校"大扩招"与内涵式发展战略等一系列政策举措的推进，都充分反映了国家对高

① 张大良.把握"学校主体、地方主责"工作定位 积极引导部分地方本科高校转型发展[J].中国高等教育，2015（10）：23-29
② 许杰，刘义荣.探索地方高校转型发展 推进高水平应用型高校建设（观点摘编）[J].中国高教研究，2016（12）：31-35

等教育发展的重视和期待。尤其是我国进入中国特色社会主义的新时代，党的十九大报告明确提出"要加快一流大学和一流学科建设，实现高等教育内涵式发展"的要求，党的二十大更是吹响了加快建设教育强国的号角，明确提出"坚持为党育人、为国育才，全面提高人才自主培养质量，着力造就拔尖创新人才""办好人民满意的教育，加快建设高质量教育体系""加快建设中国特色、世界一流的大学和优势学科"等要求，都更进一步说明了实现高等教育由规模扩张到内涵提升的发展之路，全面提升高等教育质量，已经成为我国新时代高等教育改革与发展的根本任务与必然选择。在这种发展大背景下，新建地方本科院校必须主动求变、突出应用、着力内涵建设，以有效解决人才培养脱离实际以及结构性矛盾日益突出、同质化倾向严重、毕业生就业难和就业质量低、服务生产一线能力欠缺等一系列突出的矛盾和问题。

新建地方本科院校转型发展也是学校人才培养、科学研究、社会服务的全面体现。从党的十八大报告提出"推动高等教育内涵式发展"到党的十九大明确要求"实现高等教育内涵式的发展"，再到党的二十大报告强调"加快建设教育强国、科技强国、人才强国""加快建设高质量教育体系""加快建设中国特色、世界一流的大学和优势学科"等，这对于全面提高高等教育质量、推动高等教育科学发展具有重要的意义。新建本科高校要想摆脱发展困境，实现高质量持续发展，必须紧紧围绕人才培养、科学研究、服务社会的基本职能，突出"应用"，走以质量提升为核心的内涵式发展道路，主动适应社会发展、服务区域产业需求，打破传统，走错位和差异发展之路，尽快实现转型发展，这是新建地方高校实现大学职能的内在逻辑要求。

在教育部等三部委联合印发的《关于引导部分地方普通本科高校向应用型转变的指导意见》中，明确要求在学校发展方面，要建立以提高实践能力为引领的人才培养流程，以社会经济发展需求为导向转变人才培养模式，通过产教融合达到政、产、学、研协同推动学校发展。在人才培养方面，要突出应用，建立创新型应用型人才培养机制，转变人才培养质量的评价方式，充分体现注重内涵的导向，从根本上解决了"培养什么样的人、怎样培养人"这个根本性问题。在科学研究方面，以解决生产生活的实际问题为导向，广泛开展科技服务和应用性创新活动，积极融入以企业为主体的区域、行业技术创新体系，提升以应用为驱动的创新能力，努力成为区域和行业的科技服务基地、技术创新基地，实现"高校科学研究为生产服务"的目的。在社会服务方面，明晰应用型办学的目标和思路，紧密对接地方经济社会发展需求，培养应用型技术技能型人才，增强学生就业创业能力，建立紧密对接产业链、创新链的专业体系，加快融入区域经济社会发展，全面提高学校服务区域经济社会发展和创新驱动发展的能力。

（三）转型关键环节

新建地方本科高校转型发展要明晰自己的办学定位和方向，主动适应经济转型发展、产业结构升级要求和市场需求，聚焦专业建设、课程体系、培养模式、师资队伍等"转型发展"的关键环节和重点领域，充分发挥区域高等教育对本地区经济社会发展的适应性、先导性作用。在转型的关键环节中，①应用性本科专业建设是应用型转型的前提。专业建设是人才培养的基础，高校要根据区域经济社会发展的需要，紧密对接产业和行业需求设置应用性本科专业；②课程体系是应用型转型的基础。高校要打破原有学科建设框架，以社会需求和提高学生从业能力为导向，紧密结合行业产业发展、技术进步、社会建设现实需要和发展趋势，重构应用型课程体系和教学内容；③人才培养模式改革是应用型转型的核心。坚持人才培养目标紧密对接产业行业发展和用人单位的需求，高校积极联合行业企业和科研院所，建立协同育人重要机制，实现8个方面的共同，即共同制定应用型人才培养标准、完善培养方案、构建课程体系、开发教材与更新教学内容、落实培养过程、建设师资队伍、建立实习实训基地、评价人才培养质量等；④建设一支"双师双能型"教师队伍是转型的关键所在。应用型人才培养质量的优劣关键在教师，高校要紧密结合应用型人才培养要求，建设一支教师和工程师资格兼具、教学能力和工程实践能力兼备的教师队伍。[①]

---

① 张大良. 普通本科高校向应用型转变聚焦四大重点[J]. 中国高等教育，2016（08）：1

别敦荣教授认为理解应用型高校有两个不能被忽视：一是以开办应用性学科专业为主；二是知识活动或知识生产活动的目的主要在于应用和服务。其办学体系一般包括应用型学科专业、"双师型"师资队伍、应用型人才培养模式、应用导向的功能平台、校企合作办学机制等五个方面。由于应用型高校是为了满足社会实际需要而产生的，它存在的逻辑和办学组织机制具有特殊性，集中体现在办学目的具有实用性、办学面向具有实际性、办学过程强调实践性。[①]办学目的的实用性，具体表现在培养的人才满足社会对专门人才的需要，从中外高等教育史来看，最初创建应用型高校的目的都是为了适应产业发展需要培养专门人才，以弥补传统（古典）大学在应用型人才培养方面的不足。办学面向的实际性在于应用型高校办学的针对性强，直接面向社会需求办学，为行业企业培养适用的专业人才。办学过程的实践性体现在应用型高校构建了实践导向的办学体系，注重理论与实践相结合，加强学生实践能力培养，有效地服务行业企业的需要。应用型高校的"三实"特点是从办学的总体方面或主要方面而言，并不意味着应用型高校办学只能有"应用"，不能有其他办学内容和形式。新建本科高校在转型发展建设应用型高校的探索中，要慎重处理好培养应用型人才与学术型人才、应用性科研与学术性研究、应用性学科专业与基础学科专业、服务行业或地方与服务广泛的社会需求等关系，走出观念的误区，确立正确的办学定位，持续推进学校整体转型发展。

应用型转型不是一蹴而就的过程，新建地方本科院校的应用型转型从国家政策层面的强力推出到具体的实施，它包括办学定位、办学理念、发展战略、人才培养、队伍建设、学科建设等多个方面，是从理念到行动全方位的转变。其转型程度取决于高校层面的认识程度、执行力度、条件支撑程度等方面，它是一项系统工程，在推动学校应用型建设的过程中，需要科学规划、精心布局谋篇，对学校战略定位有新认识和新谋划，对办学策略有新思路和新选择，对办学模式有新反思和新策略。新建地方本科高校整体转型发展成为应用型高

---

① 别敦荣. 应用型高校的办学理念与建设路径[J]. 中国高教研究，2022，（4）：1-8.

校，其目的在于人才培养要全面服务区域经济社会发展和创新驱动发展，核心要突出四个转向，即办学思路转向服务地方经济社会发展，人才培养目标转向培养应用型和技术技能型人才，办学模式转向产教融合校企合作，培养过程转向增强学生就业创业能力。

四、质量之困：高质量发展的制约

（一）制约因素

高等教育的规模和质量的矛盾问题，是世界各国高等教育大众化、普及化进程中都会遇到的问题。我国高等教育在经历了政策推动下的"跨越式"发展之后，需要在规模扩大和质量提高之间追求一种新的平衡。马丁·特罗在总结发达国家大众化进程规律时指出，量的增长必然引起质的变化，包括教育观念的变化、教育功能的扩大、培养目标和教育模式的多样化，课程设置、教学方式方法、入学条件、管理方式以及高等教育与社会的关系等一系列变化。[1]高校扩招之后，我国高等教育迅速由精英教育进入大众化以及普及化阶段，随着公民接受高等教育机会的增加，随之而来的高等教育质量问题成为关注的焦点，尤其是办学基础和办学条件薄弱的新建地方本科院校的质量问题更引起了人们对我国高等教育质量的担忧。如"随着高等教育规模的不断扩大，中国作为一个教育大国正在崛起，然而，规模扩大造成了教育资源的捉襟见肘，给教育质量的提高带来了挑战……伴随着高等教育规模跨越式发展的实现，提高质量便成为当务之急"[2]。中国高等教育学会第四届、第五届会长及原副部长周远清认为："高等教育体制改革的突破性进展为提高教育质量开创新的空间，而高校连续扩招几年后提高教育质量的问题更加紧迫。要遵循质量、规模、结构、效益和协调发展的方针，这才是真正的发展观、健康成熟的质量观"[3]。分析探究人

① 王晓英.刍议高等教育质量观[J].社会主义研究，2006（03）：97-99
② 倪光辉.如何确保大学教育质量[N].人民日报，2009-10-30，第018版
③ 提高质量：高等教育发展的必然追求.地大新闻网.https://voice.cug.edu.cn/info/1013/2995.htm?from=singlemessage

们对高等教育质量担忧的原因，多是指向了高校的扩招。客观层面上可以从生源质量和高校办学条件两方面分析：从生源质量上来看，在大规模扩招的要求下，录取率上升，大量精英化阶段被阻挡在高校门外的学生涌入高校，并且成为高等教育的主要对象，这些生源质量相比精英化阶段"掐尖"录取的生源是有一定的差别，无疑也增加了人才培养的难度。因此，相比精英化阶段，生源质量有所下降；从高校办学条件来看，伴随着规模扩张的过程中，在校学生数量持续增长，但是校舍、教学设施、师资等关键性的教学资源的增长往往滞后，大量学生挤占了原本就不富余的教育资源，尤其是新建地方本科高校，一些院校在升本之初，办学定位不清晰、专业设置模仿办学历史长的其他高校、专业基础不扎实、本科办学经验欠缺、经费投入不足、师资等办学条件严重不足等问题十分突出，质量的保证和提升往往难以实现。虽然对高等教育质量的下降不能统统归于高校大规模的扩招，但是，不可否认的是，当规模超出了教育机构的承受能力时，必然会使资源配置、办学条件跟不上，从而对高校教育质量的保证和提升产生影响。

纵观新建地方本科院校的发展历程，毋庸置疑的是其快速发展从根本上改变了我国高等教育格局，为我国高等教育的发展做出了重要贡献。但是，正如中国高等教育学会第六届会长瞿振元在2016年5月西南交大建校120周年论坛上指出，"中国高等学校依然'稚嫩'，1202所本科高校中，建校时间不足16年的占55.6%，如何让这些高校走向成熟，引领社会是个挑战"①。2019年，全国人民代表大会常务委员会组织的《中华人民共和国高等教育法》实施情况的执法检查报告中指出的"面对新形势新任务新要求，高等教育改革发展与党中央的要求，与广大人民群众对更加公平、更有质量的高等教育需求相比，仍有不小差距，法律实施还存在一些薄弱环节和突出问题，服务支撑经济社会发展能力还不够强"。具体表现为一些高校办学定位不科学，学科专业特色不鲜明，人

---

① 姜如星.新建本科院校教学质量保障体系研究[J].黑龙江教育，2017（07）：76-78

才培养的层次类型不合理，与国家经济社会发展需求结合不紧密。高校面向国家重大战略和地方需求的高质量成果不多，能有效转化的更少。高校同质化现象依然突出，一些高校学科专业设置雷同、重复，跟风设置门槛低、投入少的热门专业。一些高校升格或更名后定位不明确，与行业企业需求脱节等。产生这些问题的原因在于，一些高校的办学思路还没有真正转到服务国家需要和经济社会发展上来，对社会需求把握不精准，就业与招生计划、人才培养的联动机制还未完全建立。①上述这些问题，在 2000 年升本以来的新建地方本科院校更加突出。

钟秉林对 2013 年接受本科教学工作合格评估的 41 所新建本科院校的合格评估结果的分析结果显示：在 39 个主要观测点（民办高校为 40 个）中，各参评高校全部合格的有 17 个，在其余 22 个（民办高校为 23 个）观测点中，均有不合格的情况，具体包括：（1）超过 4/5 的参评高校“教师队伍结构”观测点不合格，不合格率公办高校与民办高校之间无显著差异。（2）2/5 以上的参评高校“产学研合作教育”观测点不合格，不合格率公办高校和民办高校之间的差异性不大。（3）超过 2/5 以上的参评高校“专业设置与结构调整”观测点不合格，不合格率公办高校高于民办高校，差异比较显著。（4）超过 1/3 的参评高校“质量控制”观测点不合格，不合格率公办高校和民办高校之间无显著差异。（5）有 1/4 以上的参评高校“教师培养培训”观测点不合格，不合格率民办参评高校高于公办高校，差异非常显著。（6）参评高校“实验室实习场所建设与利用”“毕业论文（设计）与综合训练”“教学管理队伍结构与素质”“生师比”“实验教学”“图书、资料和校园网建设与利用”和“教学经费投入”等 7 个观测点的不合格率均超过 10%或在 10%左右。②时至今日，一些新建地方高校虽然通过合格评估引起了地方政府和高校对高等教育质量的重

---

① 全国人大网. http：//www. npc. gov. cn/npc/c30834/201910/5e021a6d9c5f4577a0a090c9757ed640. shtml [2019-10-21]［2021-11-03］

② 钟秉林. 新建本科院校要高度重视内涵发展和质量建设——基于 41 所本科院校合格评估结果的分析 [J]. 中国高教研究，2015（06）：68-72

视，加大了办学投入，改善了部分办学的条件，但还未从根本上改变新建本科院校的办学困境。

上述问题的存在既有历史基础原因，也有来自本科办学历史长的老院校的挤压和发展环境的压力问题，更有高校治理能力和水平的问题。因此，新建地方本科院校升本后学校各方面都面临新的变化和要求，还存在适应新变化和解决新问题的能力不足的突出问题。从众多新建地方本科院校的办学实践来看，主要制约因素表现如下几方面：

一是条件制约。表现在办学投入不足，办学条件薄弱。新建本科高校多为地方性高校，经费投入多由地方财政承担，而有些地区经济发展相对滞后，财政投入受当地经济形势和政策制约，投入有限，且由于区域发展的不平衡，东、中、西部高校的教育经费有很大差距，加之经费来源渠道少，教学投入严重不足，条件相对落后，办学十分困难。陈宁对浙江、上海、广东、河南、四川、重庆、陕西、甘肃8个省市随机各选择4所高校进行了2022年度生均预算经费额度的比较。这8个省市分属东、中、西部地区，所属高校的年度生均预算经费额度之间的差距非常大，总体讲东部高于中部，中部高于西部，沿海高于内地，西北高校最低。①

二是师资队伍制约。受编制、待遇等因素限制，专任教师队伍数量不足、质量不高、结构不合理，教学水平亟待提升。2016年4月教育部发布的《全国新建本科院校教学质量监测报告》显示，尽管超过九成的新建本科院校生师比达到基本办学条件限制招生要求，但是达到合格要求的院校不足30%。"双师型"教师中具有行业背景特别是具有工程背景的比例仍然较低，尚难以适应应用型人才培养的需要。②

新建本科院校囿于原有学校的办学层次和办学定位，其师资队伍难以满足本科教育尤其是应用型本科教育的需求，表现在专任教师总量不足且学科专业

---

① 陈宁.西部新建本科高校整体转型发展研究[M].西南大学出版社，2022：25-26
② 全国新建本科院校教学质量监测报告（摘要）[N].中国教育报，2023：34

分布差异性明显，交叉学科、新兴学科专业及办学历史较短的专业师资数量明显不足，具有工程实践经历的教师数量不足。[①]

三是生源质量制约。表现在学校吸引优质生源的能力不足。新建地方本科院校相比本科办学历史较长的老院校而言，学校办学质量不高，办学特色尚未形成，声誉不响：一方面难以吸引优质生源报考；另一方面学校多为二本或三本录取院校，生源质量与一本录取院校有巨大差距，且生源素质参差不齐。

四是办学基础制约。新建本科高校多由专科学校合并升格而成，办学起点普遍较低，升本前的办学类型、办学定位复杂，办学水平参差不齐。其建校基础概括起来主要有三种类型：一是高职高专独立或合并后升格建成综合性新建本科高校；二是由师范专科学校升格的本科高校，以教师教育为主；三是由工科、农科、文科、经济管理等学科为基础的高职高专升格后建成的地方本科院校，以理工科教育为主。梳理四川省13所新建地方本科公办高校的办学基础，总体上看，这些新建院校基本上都经历了以专科专业为主逐步向以本科专业为主转变的过程，但本科办学经历短，基础比较薄弱。尽管部分学校有一定的办学基础，但是绝大部分是专科院校或者成人院校起点，各方面办学条件都很难满足本科教育的需要，距离本科教育还有很大的距离。

五是转型能力制约。新建地方本科院校的应用型"转型"存在三重难题。具体表现为：第一是专升本的难题。新建本科院校多处于本科与专科共存的阶段，学校升本时间短、缺少办本科的经验，如何从专科教育转型为合格的本科教育、按照本科教育教学规律和人才培养规律办学，是摆在新建本科院校面前的一个难题。第二个是从单一学科专业向多学科专业转型的难题。新建本科院校在专科时代基本是单一学科类学校，如师范、财政、工科、外语等，升本后为全面服务地方经济和社会发展，要求学校根据地方经济社会发展需求增设新

---

① 王新忠.本科院校转型发展视阈下新建本科院校师资队伍建设的思考[J].职业技术教育,2021(14):17-21

专业，由此就出现了师范院校办工科、艺术类院校办经管等现象。第三个是从模仿传统的学术型教育办学向为地方经济发展培养应用型专门人才的应用型教育转型的难题。[①]

新建地方本科院校在发展过程中出现的这些种种问题具有广泛性和普遍性，深入分析原因，既有体制机制的问题，也有高校自身层面办学能力的问题。新建地方本科院校的产生与国家对高等教育管理体制的优化调整及高等教育的扩招息息相关。高校扩招得益于政府自上而下高强度控制的体制力量的推动，这种方式能够有效积聚力量突破多种约束，快速扩大规模，但是当高等教育规模急剧扩大，体系结构发生变化后，宏观高等教育治理面临的挑战便显现出来了。

（二）质量诉求

自2006年起，我国高等教育进入稳定规模、注重提高质量的发展阶段。与扩招初期相比，规模发展速度减缓，同时也加强了对质量的监管。2006年7月，教育部部长周济在第三届中外大学校长论坛上指出："未来一个时期，中国高等教育发展的重点将进一步集中于质量的保障与提高，把提高质量作为高等教育发展的核心目标，作为大学创新的主要追求。"[②]

教育部先后出台《2003—2007年教育振兴行动计划》《国家中长期教育改革和发展规划纲要（2010—2020）》等政策文件，明确了高等教育内涵发展的目标，即以提高人才培养质量、提升科学研究水平、增强社会服务能力、优化结构办出特色为主要内容。2003年教育部启动五年为周期的全国高等学校教学质量评估制度，试图从政府层面强化对高等教育质量的重视和把控。2012年教育部发布《全面提高高等教育质量的若干意见》明确提出要"完善人才培养质量标准体系，健全教育质量评估制度，建立以高校自我评估为基础，以教学基

---

① 吴岩.新使命　新道路　新成就——合格评估引领新建院校走新型大学之路[J].应用型高等教育研究，2016（01）：1-4
② 周济在第三届中外大学校长论坛上的演讲[N].中华人民共和国教育部公报，2006-11-25

本状态数据常态监测、院校评估、专业认证及评估、国际评估为主要内容，政府、学校、专门机构和社会多元评价相结合的教学评估制度"；2018年《教育部关于加快建设高水平本科教育全面提高人才培养能力的意见》提出要"加强大学质量文化建设，提高质量保障意识，完善质量保障机制，强化质量督导评估"；2019年《教育部关于深化本科教育教学改革全面提高人才培养质量的意见》再次明确提出要"全面推进质量文化建设；完善专业认证制度，有序开展保合格、上水平、追卓越的本科专业三级认证工作。完善高校内部教学质量评价体系"。这一系列文件的出台，充分说明了国家层面对高校人才培养质量的重视。

新建地方应用型本科院校要紧抓国家政策机遇，致力于解决自身管理经验缺乏、管理不规范、人才培养与社会需求脱节、办学质量不高等诸多问题，将提高人才培养质量作为未来发展的重心，不断完善质量保障机制，依据学校办学条件、经费投入和办学能力确定办学规模，强化应用能力培养，致力于培养地方行业产业所需的高素质人才。着力在以下几方面下功夫：

一是"需求导向"优化调整专业。紧密对标地方产业行业需求，突出应用、找准定位、优化专业设置，围绕地方经济发展需求积极推进学科专业结构调整，根据地方行业产业需求，打造一批优势突出、特色鲜明的应用型专业。

二是"实践导向"优化育人手段。要坚持把协同育人作为应用型人才培养的重要手段，实践教学资源建设作为重要支撑，实现人才培养规格与产业发展需要对接。

三是"产出导向"优化人才培养方案。根据社会对毕业生知识、能力、素质的要求，构建应用型人才培养的课程体系，突出应用能力培养环节和课程设置，优化体现产业发展、技术进步要求的培养方案。

四是打造"双师双能"师资队伍。注重提高教师培养应用型人才的能力建设，建设一支兼具教师资格和工程师双重资格，又兼备教学能力和实践应用能力的"双师双能型"教师队伍。

五是完善"两个满意"质量评价机制。建立"产出导向"的质量评价机制，转变评价方式，对人才培养质量的评价由内部评价、自我评价、结果评价向社会评价、学生评价、用人单位评价、过程评价的转变。注重学生对学习效果满意度，以及用人单位对高校人才培养质量满意度评价。

第二节 新建地方本科师范院校发展现状

新建地方本科师范院校是新建本科院校的重要组成部分，其改革发展与高等教育的改革和发展休戚相关，按照"共建、调整、合作、合并"的方针，它主要由师范专科学校升格、成人教育学院改制升本或与中师学校合并升格而成，包括两种类型。一类是以"师范学院"命名的。根据教育部发布的全国普通高等学校名单数据显示，1999年以来升本，以"师范学院"命名的新建地方本科师范院校有65所（见表2-2），占全国120所（不含独立学院）本科师范院校的54.17%。另一类是学校名称中没有"师范"字样，但都具有师范专业背景，是由专科及中专学校合并升本或改制而来，目前仍设置有部分师范专业、以非师范专业为主的综合性地方本科院校，表2-3整理了1999年以来升本的42所院校。

表2-2 1999年以来升本的新建地方本科师范学院一览表

序号	院校名称	学校前身	升本年份	学科门类数量（个）	本科专业数量（个）
1	湖州师范学院	湖州师范专科学校、湖州师范学校和湖州教师进修学院合并	1999	11	53
2	南京特殊教育师范学院	南京特殊教育职业技术学院	2015	7	22
3	江苏第二师范学院	江苏教育学院	2013	9	34

续表

序号	院校名称	学校前身	升本年份	学科门类数量(个)	本科专业数量(个)
4	淮阴师范学院	淮阴教育学院和淮阴师范专科学校合并	1997	9	72
5	盐城师范学院	盐城师范专科学校和盐城教育学院合并	1999	10	73
6	河北民族师范学院	承德民族师范高等专科学校	2010	9	54
7	唐山师范学院	唐山师范专科学校合并河北唐山教育学院	2000	10	58
8	廊坊师范学院	廊坊师范专科学校、廊坊教育学院、廊坊师范学校合并	2000	9	39
9	沧州师范学院	沧州师范专科学校	2010	10	52
10	太原师范学院	山西大学师范学院、太原师范专科学校和山西省教育学院合并	1999	9	52
11	忻州师范学院	忻州师范高等专科学校与忻州师范学校合并	2000	9	43
12	集宁师范学院	集宁师范高等专科学校	2009	10	34
13	白城师范学院	白城师范专科学校	2002	9	50
14	大庆师范学院	大庆师范专科学校	2004	8	45
15	合肥师范学院	安徽教育学院	2007	8	60
16	淮南师范学院	淮南师范专科学校、淮南教育学院、淮南师范学校合并	2000	9	56
17	宁德师范学院	宁德师范专科学校	2010	9	41
18	泉州师范学院	泉州师专、泉州教育学院、泉州师范学校合并	2000	9	58
19	福建技术师范学院	福清师范专科学校，福建师范大学福清分校	2019	8	35
20	南昌师范学院	江西教育学院	2013	7	28
21	上饶师范学院	上饶师范专科学校	2000	6	48
22	南昌应用技术师范学院	江西科技师范大学理工学院	2021	8	22
23	豫章师范学院	南昌师范高等专科学校	2017	7	29
24	齐鲁师范学院	山东教育学院	2010	10	45
25	周口师范学院	周口师范高等专科学校	2002	9	63
26	安阳师范学院	安阳师范高等专科学校、安阳教育学院安阳市第二师范学校	2000	9	67

序号	院校名称	学校前身	升本年份	学科门类数量(个)	本科专业数量(个)
27	南阳师范学院	南阳师范专科学校	2000	9	72
28	洛阳师范学院	洛阳师范高等专科学校	2000	10	72
29	商丘师范学院	商丘师范专科学校	2000	10	68
30	郑州师范学院	郑州师范高等专科学校	2010	9	44
31	黄冈师范学院	黄冈师范高等专科学校	1999	11	72
32	湖北第二师范学院	湖北教育学院	2007	8	57
33	汉江师范学院	郧阳师范高等专科学校	2016	9	37
34	衡阳师范学院	衡阳师范高等专科学校与原衡阳教育学院合并	1999	8	51
35	湖南第一师范学院	湖南省第一师范学校	2008	8	34
36	长沙师范学院	长沙县立师范学校	2013	6	28
37	衡阳师范学院南岳学院	衡阳师范学院下独立学院	2002	9	36
38	广东第二师范学院	广东教育学院	2010	9	45
39	广西民族师范学院	南宁师范高等专科学校	2009	11	47
40	玉林师范学院	玉林师范高等专科学校、玉林市教育学院、玉林市高等职业技术学院等	2000	10	64
41	广西科技师范学院	宜山师范专科学校	2015	7	31
42	广西职业师范学院	广西壮族自治区经济管理干部学院	2019	5	21
43	琼台师范学院	琼台师范高等专科学校	2016	7	25
44	重庆第二师范学院	重庆教育学院	2012	8	39
45	长江师范学院	涪陵师范高等专科学校、涪陵教育学院合并	2001	10	59
46	绵阳师范学院	绵阳师范高等专科学校绵阳教育学院绵阳师范学校	2002	9	52
47	乐山师范学院	乐山师范高等专科学校乐山教育学院乐山师范学校	2000	9	63
48	成都师范学院	四川教育学院	2012	10	37
49	内江师范学院	内江师范高等专科学校内江教育学院	2000	10	64
50	阿坝师范学院	阿坝师范高等专科学校	2015	8	26
51	遵义师范学院	遵义师范高等专科学校	2001	9	51

续表

序号	院校名称	学校前身	升本年份	学科门类数量(个)	本科专业数量(个)
52	兴义民族师范学院	黔西南民族师范高等专科学校	2009	9	41
53	六盘水师范学院	六盘水师范高等专科学校	2009	10	44
54	黔南民族师范学院	/	2000	10	51
55	贵州师范学院	贵州教育学院	2009	10	50
56	楚雄师范学院	楚雄师范专科学校	2001	9	58
57	玉溪师范学院	玉溪师范高等专科学校、玉溪师范学校	2000	10	57
58	滇西科技师范学院	临沧教育学院、临沧师范高等专科学院	2015	7	34
59	曲靖师范学院	曲靖师范高等专科学校、曲靖教育学院、曲靖师范学校合并	2000	9	58
60	渭南师范学院	渭南师范专科学校和渭南教育学院合并	2000	10	63
61	咸阳师范学院	咸阳师范专科学校和陕西省咸阳教育学院合并	2001	9	51
62	陕西学前师范学院	陕西教育学院	2012	8	28
63	天水师范学院	天水师范高等专科学校	2000	8	60
64	甘肃民族师范学院	合作民族师范专科学校	2009	10	55
65	宁夏师范学院	固原师范高等专科学校	2006	8	40

数据来源：①本表数据由2022年全国高等学校名单——中华人民共和国教育部政府门户网站 http://www.moe.gov.cn/jyb_xxgk/s5743/s5744/A03/202206/t20220617_638352.html 数据和各院校主页公开信息整理而来；②数据截止到2022年5月31日。

表2-3　1999年以来升本具有师范专业背景地方本科院校一览表（数量：个）

序号	院校名称	学校前身	升本年份	学校类型	本科专业数/学科门类数(个)
1	绍兴文理学院	绍兴师范专科学校与绍兴高等专科学校合并	1996	综合	63/9
2	湖州学院	湖州师范学院求真学院	1999	师范	36/6
3	丽水学院	丽水师范专科学校和丽水职业技术学院合并	2004	综合	49/9
4	温州理工学院	温州师范学院瓯江学院	2000	综合	30/7
5	南京晓庄学院	南京师范专科学校、南京教育学院、南京市晓庄师范学校合并	2000	师范	47/9

序号	院校名称	学校前身	升本年份	学校类型	本科专业数/学科门类数(个)
6	泰州学院	泰州师范高等专科学校	2013	综合	32/9
7	保定学院	保定师范专科学校	2007	师范	54/9
8	张家口学院	张家口教育学院	2013	综合	35/10
9	衡水学院	衡水师范专科学校	2004	综合	63/9
10	石家庄学院	石家庄师范专科学校(石家庄市教育学院)	2004	综合	67/11
11	邯郸学院	邯郸师范专科学校	2004	综合	64/10
12	邢台学院	邢台师范高等专科学校	2002	综合	54/9
13	晋中学院	晋中师范专科学校、晋中地区教育学院	2004	综合	51/9
14	长治学院	晋东南师范专科学校	2004	综合	41/10
15	运城学院	运城师范专科学校与运城教育学院、河东大学	2002	综合	53/10
16	吕梁学院	吕梁高等专科学校	2010	综合	45/9
17	河套学院	巴盟教育学院、巴盟师范学校	2012	师范	35/9
18	亳州学院	亳州师范高等专科学校	2016	综合	32/7
19	黄山学院	安徽劳动大学徽州师范专科班	2002	综合	65/8
20	宿州学院	宿州师范专科学校	2004	综合	63/8
21	皖西学院	皖西联合大学、六安师范专科学校和六安师范学校合并	2000	综合	66/9
22	滁州学院	滁州师范专科学校	2004	综合	62/8
23	巢湖学院	安徽师范大学巢湖专科班	2002	综合	59/9
24	池州学院	池州师范专科学校	2007	综合	59/9
25	滨州学院	滨州师范专科学校	2004	综合	59/8
26	济宁学院	济宁师范专科学校	2007	师范	50/9
27	黄淮学院	驻马店师范高等专科学校和中原职业技术学院合并	2004	综合	59/10
28	平顶山学院	平顶山师范学校	2004	综合	54/9
29	湖南人文科技学院	娄底师范学校	2004	综合	53/9
30	河池学院	河池师范高等专科学校	2003	师范	50/9

续表

序号	院校名称	学校前身	升本年份	学校类型	本科专业数/学科门类数(个)
31	宜宾学院	宜宾师范高等专科学校 宜宾师范学校	2001	综合	63/10
32	四川民族学院	康定民族师范高等专科学校 康定师范学校	2009	综合	33/10
33	四川文理学院	达县师范高等专科学校 达州教育学院	2006	综合	57/10
34	贵州工程应用技术学院	毕节师范高等专科学校与毕节教育学院合并	2005	综合	47/7
35	普洱学院	思茅师范高等专科学校	2012	综合	42/9
36	文山学院	文山师范学校师专班	2009	综合	49/10
37	保山学院	保山师范高等专科学校	2009	师范	48/9
38	榆林学院	榆林师范专科学校	2003	综合	55/6
39	西安文理学院	西安联合大学、西安教育学院	2003	综合	50/9
40	陇东学院	庆阳师范专科学校	2003	综合	56/11
41	河西学院	张掖师范高等专科，张掖农校和张掖地区职业中专	2001	综合	68/12
42	昌吉学院	昌吉师范学校	2001	师范	49/8

数据说明：①截止到2022年5月31日；②本表数据不包括独立学院，未详尽全国所有该类型院校；③数据由2022年全国高等学校名单——中华人民共和国教育部政府门户网站 http: // www.moe.gov.cn/jyb_xxgk/s5743/s5744/A03/202206/t20220617_638352.html 数据和各院校主页公开信息整理而来。

以上两种类型的新建地方本科师范院校都经历了两次转型，即"从专科到本科"，再从"普通本科到应用本科"。[1]短时间内的两次大转向，在转型动因、阻抗、路径等方面都有所不同。第一次转型属于办学层次的纵向提升，实现办学规模的突破。转型动因是提升办学层次，实现规模效益；阻抗力量在于办学条件和办学能力制约以及国家政策的限制；主要路径是转制、合并等方式。第二次转型则是办学性质的转变，凸显办学效用。转型动因在于满足地方社会经济发展的需要，提高适应性和生存能力，也是高等教育供给侧结构性改革的推

---

① 贾彦峰，郭淑新.地方高校两次转型中的文化断裂与有序演进[J].高教探索，2016（06）：9-13

动；阻抗力量在于办学理念、办学基础、专业设置、办学条件、师资队伍等方面的限制；路径上主要是调整专业设置，实施产教融合办学模式等。这种连续的急转弯与路径依赖形成的组织惯性之间催生了尖锐矛盾，发展中呈现出了诸多突出的问题。

一、"综合化"与"趋同化"现象突出

新建地方本科师范院校在升本之初，为了快速缩小差距和追赶，新建本科师范院校往往会追随办学历史较长的师范大学办学的思路和方式，或模仿综合性大学的做法。为拓宽发展空间，新建本科师范院校努力突破原有相对单一的师范专业，加快专业布局调整，不断扩大学校规模，积极申报应用类的非师范专业，追求多学科综合化发展。通过多年的规模扩张，学校在经费投入、资源配置等方面不断倾向社会适应性更强的新专业，师范专业逐渐呈现边缘化趋势，有的学校非师范专业在数量和规模上远超师范专业，已经形成综合化的学科格局，综合化现象十分明显，具体表现在以下两个方面：

一是涉及的学科门类较多。在国务院学位委员会 教育部印发的《学位授予和人才培养学科目录（2022年）》中[①]，新建地方本科师范院校除了哲学、农学、医学、军事学、交叉学科等学科较少涉及外，其他都有，且文、理、工学科皆有之，堪称学科门类齐全。在表2-2所列的65所新建地方本科师范学院中，有62所院校涵盖了7个及以上学科，占比达95.38%，涵盖9个及以上学科的高达44所，占比达67.69%（见表2-4）。其中，湖州师范学院、黄冈师范学院、广西民族师范学院甚至涵盖了11大学科门类。在表2-3所列的42所院校中，有34所院校的公开信息中，学科类型已明确属于综合性院校，涵盖7个及以上学科的有40所院校（见表2-5），石家庄学院、陇东学院达到11个学科，河西学院涵盖了12个学科。

[①] 2022年9月，国务院学位委员会 教育部印发的《研究生教育学科专业目录（2022年）》中，包括哲学、经济学、法学、教育学、文学、历史学、理学、工学、农学、医学、军事学、管理学、艺术学、交叉学科14个学科门类。

表2-4　65所新建地方本科师范学院学科分布及构成

学科数（个）	6及以下	7～9	10及以上	合计
院校数（所） 构成比（%）	3 4.62	42 64.62	20 30.77	65 100

表2-5　42所新建地方本科学院学科分布及构成

学科数（个）	6及以下	7～9	10及以上	合计
院校数（所） 构成比（%）	2 4.76	28 66.67	12 28.57	42 100

二是专业类型多样化。除了师范专业外，各新建地方本科师范院校都大量增设了应用类的非师范专业，多数院校非师范类的专业多于师范类专业。在表2-2所列的65所新建地方本科师范学院中，86%以上的院校专业设置都在30个以上，52.31%的院校专业设置在50个以上（见表2-6）；淮阴师范学院、盐城师范学院、南阳师范学院、洛阳师范学院、黄冈师范学院5所院校甚至达到72～73个专业。在表2-3所列的42所院校中，专业设置都在30个以上，61.9%的院校专业设置都在50个以上（见表2-7）

表2-6　65所新建地方本科师范学院专业规模及构成

专业数（个）	30及以下	31～49	50及以上	合计
院校数（所） 构成比（%）	9 13.85	22 33.85	34 52.31	65 100

表2-7　42所新建地方本科院校专业规模及构成

专业数（个）	30～49	50～59	60及以上	合计
院校数（所） 构成比（%）	16 38.10	16 38.10	10 23.80	42 100

新建地方本科师范院校快速扩张的过程中，伴随着综合化的进程，也逐渐呈现出师范性的弱化，甚至有"去师范化"现象，在学科和专业设置上紧密结合地方需求，更加突出应用性，并呈现出高度的趋同性。在新建地方本科公办院校，传统的基础学科一般都具有"师范"的背景，比如汉语言文学、英语、

数学、化学、物理、教育学等专业，这些专业开设学校数量多，专业设置高度重合，"同构性"非常严重。[1]顾拓宇对全国60所新建本科师范院校的分析显示，除文学、理学、教育学等师范院校的传统学科外，以工学、管理学、经济学为主导的应用类学科是趋同率较高的学科，三个学科的趋同率分别高达98.33%、95.00%、68.33%。同时，专业设置的趋同性更加突出（见表2-8）。[2]

表2-8　趋同专业布点数及趋同率

趋同专业	院校个数(所)	趋同率(%)	趋同专业	院校个数(所)	趋同率(%)
汉语言文学	58	96.67	应用化学	37	61.67
数学与应用数学	55	91.67	视觉传达设计	35	58.33
学前教育	54	90.00	环境设计	35	58.33
英语	53	88.33	信息与计算科学	30	50.00
体育教育	50	83.33	财务管理	28	46.67
化学	50	83.33	市场营销	27	45.00
计算机科学与技术	49	81.67	旅游管理	27	45.00
音乐学	49	81.67	物联网工程	27	45.00
思想政治教育	48	80.00	体育指导与管理	26	43.33
物理学	48	80.00	汉语国际教育	25	41.67
美术学	48	80.00	电子信息工程	25	41.67
小学教育	47	78.33	舞蹈学	23	38.33
生物科学	42	70.00	软件工程	22	36.67
历史学	38	63.33	音乐表演	22	36.67
地理科学	30	50.00	法学	21	35.00
教育技术学	25	41.67			

数据转引自：顾拓宇.中国新建本科师范院校学科专业趋同及其内在机制探究——基于60所地方院校统计数据的分析[J].世界高等教育，2020（01）：116-126

二、办学定位与办学行为错位

新建地方本科师范院校对自我办学基础、办学水平和能力的认识存在某种

[1] 李宝宝.阵痛与重生：新建地方本科院校师范类专业转型发展的思考与探索[J].陕西学前师范学院学报，2018（12）：34-39
[2] 顾拓宇.中国新建本科师范院校学科专业趋同及其内在机制探究——基于60所地方院校统计数据的分析[J].世界高等教育，2020（01）：116-126

程度的偏差。一味强调追赶和跨越，忽视了师范传统优势，高估了自身能力，盲目追求"省内领先"或"国内一流"，在办学定位中追求高大全，或模仿其他高校，对自身作为师范院校未来的发展目标和角色定位含混不清。有的地方本科高校虽然已经明确提出了"应用型、地方性"的办学定位，但在具体实施过程中，办学定位是一回事，办学行为又是另外一回事。办学行为存在盲目性、从众性和功利性。办学层次上虽然已经由专科升级为本科院校，完成了身份的转换，但办学理念和能力依然保持专科阶段的惯性，没能同步"升级"。在办学行为上，专科运行模式和办学理念仍然根深蒂固；行政化色彩浓厚，行政权力越俎代庖排斥了学术权力；教学方式与应用型人才培养不相适应；在人事安排、科研管理、财务激励、教学管理和校企合作等方面缺乏应有的活力和创新。"高等"意蕴不足，"本科"特征落后，"发育不良"状况比较明显。内部自成一体、相对封闭的治理结构与包容开放行业企业直接参与的实际需求不相适应，基于知识教学的内部运行机制与基于技能应用的企业实战环境的背离度过大。①

三、人才培养与社会需求脱节

随着我国经济的发展，社会对专业素养特别是"应用型"能力的要求越来越高，尤其是技术型人才的需求增大。而新建地方本科师范院校升本之初，不同程度上存在着模式单一、机制僵化的问题，尤其是在培养地方性、应用型人才方面，与行业、产业、企业联系不够，在人才培养上，偏重知识本位，沿袭传统理论知识传授为主的惯性，重知识培养、轻知识应用的现状还没有得到根本性改变，传统师范专业依然存在人才培养质量与地方基础教育需求不相匹配的情况，新办的非师范专业主要依托师范专业的学科方向申办的，本身就存在产教融合不够、职业性不强等突出等问题，难以满足地方产业转型升级对人才的需求。在科学研究上，科研服务地方经济社会发展的能力不足，体现校地、校企等协同创新的应用型科学研究较少，技术开发能力不足。这客观上造成了

---

① 贾彦峰，郭淑新. 地方高校两次转型中的文化断裂与有序演进[J]. 高教探，2016（06）：9-13

地方师范院校建设与地方经济社会发展的脱节。

四、生源质量与师资质量难以保障

一所学校的生存发展受优质生源和高质量就业的深刻影响。从目前我国普通高等院校的招生状况来看，高等教育的普及化使得生源数量相对充足。但长期以来，受教师职业薪资水平低、教师职业竞争压力大、城市农村等教育资源不均衡等因素的影响，一些考生不愿意报考师范院校，师范教育长期以来对优质生源吸引力不大，而新建地方本科师范院校因办学历史短、影响力弱，且多在二本、三本线上招生，在招生过程中处于劣势，一些专业第一志愿报考人数远远低于计划数，有些专业需要通过调剂才能完成招生计划，这些调剂过来的生源往往对专业满意度差，因此，生源质量难以从录取根源上得到保证。[①]这些院校与办学历史长的老师范院校生源质量差距很大，毕业生就业水平和质量与期待相去甚远。

从表面来看，升格合并后新建地方本科师范院校无论从学科设置、教师规模、招生人数都数倍于之前的师专、中师和成人院校，但多数院校还存在师资队伍数量不足、师生比过大、"双师双能型"教师缺乏等突出问题，虽然已经引入一些具有博士、硕士学位的师资，但是大部分师资仍然是之前师专、中师、成人院校中继承下来的，加上学校给教师提供持续专业发展和进修的资源和机会较少，师资力量未能有质的变化。[②]

五、经费不足与生存压力双重挤压

办学经费不足是新建地方本科师范院校普遍存在的难题，受长期师范办学基础和专业方向的影响，自身"造血"功能不强，新建地方本科师范院校所能得到的经费支持十分有限，师范院校学费又普遍低于综合性院校学生所缴的学

① 康丽滢，李秀云.地方新建本科师范院校的发展困境及出路[J].河北民族师范学院学报，2017（03）：107-111

② 宋崔，冯海洋，李子建.师范院校合并升格背景下的教师教育者专业困境——以一所地方新建本科院校为例[J].教师教育研究，2018（01）：95-102

费。另外受到专业、服务面向的影响，在为地方经济社会发展提供科技创新、技术转化、产品研发、项目管理等方面能力不足，能够从社会获取的办学经费很少。在一味追求"综合化"和"应用化"的扩张过程中，投资了大量的应用性、实践性要求高的理工科专业，牵扯了学校大量的人力、物力与财力，使得为了升本已经负债累累的新建地方本科师范院校更加举步维艰。随着学校建设重心向非师范的转移，师范专业边缘化、实习经费投入不足、师资保障不力等问题不断显现。

国家教育政策的变化打破了师范类院校培养师范生的"垄断"地位。1999年，中共中央、国务院《关于深化教育改革全面推进素质教育的决定》提出"加强和改革师范教育，大力提高师资培养质量。调整师范学校的层次和布局，鼓励综合性高等学校和非师范类高等学校参与培养、培训中小学教师工作，探索在有条件的综合性高等学校中试办师范学院"。①该项政策的颁布使全国大多数综合性高校和非师范类高校开始设立师范类专业，打破了师范院校单独承担"师范教育"培养培训的局面。2015年下发的《教育部办公厅关于进一步扩大中小学教师资格考试与定期注册制度改革试点的通知》②，明确了师范生和非师范生没有了区别，想要做教师都必须参加考试，合格后方可申请教师资格证，教师资格终身制被打破。这两项政策的颁布和推行，使得教师培养不再为师范院校所独有。新建地方本科师范院校在与部属师范大学及其他综合类大学的竞争中，受其服务对象的区域性、生源的本土化、经费支持的地方性、发展空间的局限性等不利因素的影响，处于弱势地位，生存空间遭到进一步挤压。

经费不足导致办学条件、办学力量得不到充足的经费支撑，因此，新建本科地方师范院校在办学活动中存在较多困难，开放性的师范教育形势使得其更加处于竞争的劣势一方。

---

① 关于深化教育改革全面推进素质教育的决定_光明日报_光明网. https：//www. gmw. cn/01gmrb/1999-06/17/GB/18090%5EGM1-1706. HTM

② 教育部办公厅关于进一步扩大中小学教师资格考试与定期注册制度改革试点的通知. 中国政府网. http：//www. gov. cn/xinwen/2015-07/31/content_2906562. htm

第三章
新建地方本科师范院校
人才培养质量保障体系架构

　　我国高等教育的扩张引发了政府、社会以及民众对高等教育质量的担忧，尤其是对短期内大量升本的新建地方本科院校办学质量的担忧。由地方师范专科学校、中专或成人教育学院等转制升本的新建地方本科师范院校，盲目追求升本后的综合性发展，在专业设置上片面追随"应用型"而忽视了师范办学基础，短期内承办了大量非师范专业，使原本薄弱的本科办学基础更加薄弱，办学条件不足，办学质量更加令人担忧。面对我国高等教育大众化及普及化阶段的这一新挑战，政府和学校需要思考用什么标准以及如何有效确保高等教育质量。2004年，教育部印发了《普通高等学校办学条件指标（试行）》教发〔2004〕2号文件，主要用于普通高等学校核定年度招生规模，确定限制、停止招生普通高等学校，并对普通高等学校办学条件进行监测，旨在加强宏观管理，逐步建立、健全社会监督机制，有利于促进办学条件改善和保证我国高等教育持续、健康发展。国家层面对高校基本办学条件的考量和宏观管理及政策要求是十分必要的措施，同时，如何建立有效的高等教育质量保障体系必然成为解决这一挑战的途径。

　　质量保障体系是指为保证和提高质量，建立质量目标与标准，运用系统的原理和方法，实施质量管理，依靠一定的组织结构，把各部门、各环节的质量管理程序、过程和资源严密组织起来，形成一个任务明确、责权协同俱进的质量管理的有机整体。[①]高等教育质量保障体系是指与高等教育质量保障有关的基本要素相互联系、互相制约而构成整体，[②]它包括教育质量保障机构、质量目标与标准、各种评估模式与各种各样的评估指标体系以及所开展的一系列的质量保障活动。目的是通过对高等学校进行质量评估，以激励和帮助高等学校有效达成人才培养、科学研究和社会服务的职能，其中人才培养是学校育人的核心任务，也是教学质量保障的关键环节。纵观众多高校质量保障体系建设的实践，一般分为国家层面主导建立的宏观体系和院校层面自主建立的微观体系，通常也称为外部质量保障体系和内部保障体系。

外部保障体系的保障目标是达到国家层面对高等教育的质量要求。《中华人民共和国高等教育法》第三十一条明确规定"高等学校应当以培养人才为中心，开展教学、科学研究和社会服务，保证教育教学质量达到国家的标准"[③]。通常是国家层面建立全国性或地区性的专门机构，其专家由政府或行业组织任命，其主要任务是领导、组织、实施、协调高等教育质量鉴定活动，监督高等学校内部的质量保障活动。[④]政府通过宏观管理，加强对高校质量保障体系的宏观调控和管理，通过立法，规范保障行为；制定质量标准和办学标准，指导、统筹、协调、检查高校的质量保障活动；运用政府行政权力，组织外部专家对高等院校办学质量进行评估。从各个国家高等教育保障的总体情况来看，主要包括评估、认证、审核等三种主要的方式。

内部保障体系是指学校以提高和保证教育质量为目标，运用系统方法，依靠必要的组织结构，把学校各部门、各环节与教育质量有关的质量管理活动严密组织起来，将影响教育质量的一切因素加以控制，从而形成一个有明确任务、职责、权限，相互协调、相互促进的质量管理有机整体。[⑤]内部保障体系一

① 雷炜. 高等教育质量保障体系研究——以浙江省为例[M]. 杭州：浙江工商大学出版社，2020：011
② 李巧林，郑治祥，王章豹. 教育质量保障体系的研究与探微[J]. 辽宁教育研究，2003（7）：13-15
③ 中华人民共和国高等教育法. 中国人大网. http://www.npc.gov.cn/npc/c30834/201901/9df07 167324c 4a34bf6c44700fafa753.shtml
④ 陈玉琨，代蕊华，杨晓江，等. 高等教育质量保障体系概论[M]. 北京：北京师范大学出版社，2004：8
⑤ 李志义，朱泓，刘志军. 审核评估范围结构及内涵解析[J]. 中国大学教学，2013（09）：74-78

般由高校自主建立，大致由五个系统构成：高等教育质量保障的指挥系统、信息收集系统、评价与诊断系统、信息反馈系统以及质量保障的支持系统。①内部质量保障体系注重教育质量目标的符合度，目的使人才培养、科学研究和社会服务的目标得以顺利实现。内部和外部保障体系虽然实施的主体有所不同，但其目标具有一致性，都是为了促进高等教育高质量发展，保证高等教育人才培养质量。

本研究主要关注新建地方本科师范院校人才培养的内部质量保障体系建设，下文除了特别说明之外，均为新建地方本科师范院校人才培养内部质量保障体系建设内容。

第一节　新建地方本科师范院校质量保障体系建设的必要性

一、政策引导：新时代高质量发展的要求

建立健全质量保障体系，加强大学质量文化建设是新时代我国高等教育高质量发展的必然要求。近年来，围绕提升高等教育人才培养质量的目标国家推出了一系列教育政策，2012年教育部发布的《全面提高高等教育质量的若干意见》就明确提出要"完善人才培养质量标准体系，健全教育质量评估制度，建立以高校自我评估为基础，以教学基本状态数据常态监测、院校评估、专业认证及评估、国际评估为主要内容，政府、学校、专门机构和社会多元评价相结合的教学评估制度"；2018年教育部发布的《关于加快建设高水平本科教育全面提高人才培养能力的意见》提出要"加强大学质量文化建设，提高质量保障意识，完善质量保障机制，强化质量督导评估"；2019年教育部发布的《关于深化本科教育教学改革全面提高人才培养质量的意见》再次明确提出要"全面推进质量文化建设；完善专业认证制度，有序开展保合格、上水平、追卓越的

①杨昆蓉.高校内部质量保障体系的内核：自评管理与监控[J].中国高等教育评估，2010（02）：59

本科专业三级认证工作。完善高校内部教学质量评价体系"。这一系列文件的出台，充分说明了高校质量保障建设的重要意义。

新建地方本科师范院校是地方教师教育培养的重要力量，教师培养质量关乎地方基础教育的发展，更关乎我国社会主义现代化建设。2014年9月，习近平总书记在北京师范大学考察中强调"百年大计，教育为本。教育大计，教师为本""全党全社会都要更加关心教育、关心教师，要重视和支持师范院校和教师教育"；①2017年10月习近平总书记在中国共产党第十九次全国代表大会上的报告中明确指出"建设教育强国是中华民族伟大复兴的基础工程，必须把教育事业放在优先位置，深化教育改革，加快教育现代化，办好人民满意的教育"，要"加强师德师风建设，培养高素质教师队伍"②；2018年1月，中共中央、国务院《关于全面深化新时代教师队伍建设改革的意见》中明确提出"各级党委和政府要从战略和全局高度充分认识教师工作的极端重要性，把全面加强教师队伍建设作为一项重大政治任务和根本性民生工程切实抓紧抓好"③；为深入贯彻落实该意见精神；2018年3月，教育部等五部门印发《教师教育振兴行动计划（2018—2022年）》提出："经过5年左右努力，办好一批高水平、有特色的教师教育院校和师范类专业，教师培养培训体系基本健全，为我国教师教育的长期可持续发展奠定坚实基础"④；2022年4月，教育部等八部门联合印发的《新时代基础教育强师计划》提出："坚持把教师队伍建设作为基础工作来抓"⑤；为深入贯彻党中央、国务院关于教师队伍建设的重要决策部署，落实强师计

---

① 习近平在北京师范大学考察. 视频中国. http://www.china.com.cn/v/news/2014-09/10/content_33473302.htm.

② 习近平:决胜全面建成小康社会. 夺取新时代中国特色社会主义伟大胜利——在中国共产党第十九次全国代表大会上的报告. 最新报道. 中国政府网. http://www.gov.cn/zhuanti/2017-10/27/content_5234876.htm.

③ 中共中央 国务院关于全面深化新时代教师队伍建设改革的意见. 中华人民共和国教育部政府门户网站. http://www.moe.gov.cn/jyb_xwfb/moe_1946/fj_2018/201801/t20180131_326148.html.

④ 教育部等五部门关于印发《教师教育振兴行动计划(2018—2022年)》的通知. 中华人民共和国教育部政府门户网站. http://www.moe.gov.cn/srcsite/A10/s7034/201803/t20180323_331063.html.

⑤ 教育部等八部门关于印发《新时代基础教育强师计划》的通知. 中华人民共和国教育部政府门户网站. http://www.moe.gov.cn/srcsite/A10/s7034/202204/t20220413_616644.html.

划，2023年8月教育部印发《关于开展国家基础教育教师队伍建设改革试点的通知》，启动改革试点，鼓励支持地方探索深化基础教育教师队伍建设改革的新思路和新举措，加快构建现代教师队伍治理体系，推动造就一支师德高尚、业务精湛、结构合理、充满活力的高素质专业化教师队伍，为建设教育强国提供有力支撑。[①]以上这些重要讲话、重要报告以及重要政策，都充分体现了国家层面对师范院校的重视以及提高师范院校和教师教育培养质量的重要意义，为新时代教师队伍建设和教师教育提供了基本遵循，对新建地方本科师范院校的办学提出了明确要求。师范院校要以习近平新时代中国特色社会主义思想为引领和指导，认真回答培养什么样的教师、如何培养教师以及为谁培养教师等根本性问题，健全教师教育质量保障体系，加强师德师风建设，着力内涵建设，将落实师范类专业认证制度、推动教师教育综合改革作为提高教师教育办学质量的重要突破口和着力点，从源头上为地方基础教育培养一支高素质的专业化教师队伍，办人民满意的教师教育。

二、认证推动：教师教育提质增效的要求

为深入贯彻落实党的十九大精神以及国家教育事业发展"十三五"规划工作要求，办人民满意的师范教育，提高师范类专业人才培养质量，培养高素质教师队伍，积极推进教师教育质量保障体系建设，2017年10月教育部印发《普通高等学校师范类专业认证实施办法（暂行）的通知》（教师〔2017〕13号）（以下简称《通知》），[②]在全国范围内启动了师范类专业认证工作，根据通知要求，要对普通高校师范类专业实行三级监测认证，认证结果为政策制定、资源配置、经费投入、用人单位招聘、高考志愿填报等提供服务和决策参考。

---

① 教育部启动实施国家基础教育教师队伍建设改革试点. 中华人民共和国教育部政府门户网站. http://www.moe.cn/jyb_xwfb/gzdt_gzdt/s5987/202308/t20230829_1076627.html.

② 教育部关于印发《普通高等学校师范类专业认证实施办法（暂行）》的通知. 中华人民共和国教育部政府门户网站. http://www.moe.gov.cn/srcsite/A10/s7011/201711/t20171106_318535.html

　　《通知》明确，普通高等学校师范类专业认证要坚持"学生中心、产出导向、持续改进"的认证理念。"学生中心"，强调遵循师范生成长成才规律，关注学生的学习效果和个性发展，以"教师的教"为中心的观念转向以"学生的学"为中心的观念，教学活动、教育资源配置、课程安排和教学实施等都要与学生的需要相吻合，并能够根据学生学习成效和未来职业发展情况不断优化、改进教学过程。"产出导向"，强调立足区域社会经济发展和基础教育需求，以师范生的学习效果为导向，对照师范生毕业要求和就业后的职业能力发展要求，反向设计课程体系、安排教学活动、配置师资队伍和资源条件，对照师范毕业生核心能力素质要求，评价师范类专业人才培养质量。"持续改进"，强调认证专业应建立培养目标、毕业要求和课程目标"三达成"的评价改进机制，对师范类专业教学进行全方位、全过程的评价，并将评价结果应用于各环节的改进，从而推动师范类专业人才培养质量的持续提升。

　　《通知》规定，普通高校师范类专业实行三级监测认证：第一级属于师范类专业办学基本要求监测。经教育部正式备案的普通本科师范院校，按要求每年需定期向国家教育质量监测平台填报师范类专业办学基本数据信息，教育部评估中心对全国师范类专业办学基本数据实行动态监测，形成年度监测报告。监测结果可为教育行政主管部门的监管提供依据，为社会提供质量信息服务。第二级属于师范类专业教学质量合格标准认证。有三届以上毕业生的师范类专业，可向省级教育行政部门委托的教育评估机构提出认证申请，教育部评估机构组织专家依据受理条件和师范专业认证标准开展认证工作。第二级认证的目的在于通过认证推动专业内涵发展，强化教师教学责任和课程目标达成，建立教学质量持续改进机制，保证教学质量达到国家合格标准要求。第三级属于师范类专业教学质量卓越标准认证。对有六届以上毕业生的师范类专业开展的认证工作。第三级认证的目的是建立健全基于产出的人才培养体系和运行有效的质量持续改进机制，以赶超教师教育国际先进水平为目标，追求卓越一流质量，提升国际影响力和竞争力。

师范专业认证是完善师范院校内部质量保障体系的重要手段和方法。从认证过程上看，是接受认证的专业通过自我举证、专家查证等工作，证明专业所培养的师范生经历人才培养过程，在知识、能力和素质方面达到了既定的毕业要求。认证的根本目的在于推动师范类专业注重内涵建设，关注师范生实践能力培养，建立基于产出的持续改进质量保障机制和质量文化，不断提高人才培养质量。①

2021年，教育部高等教育教学评估中心印发了《普通高等学校师范类专业认证申请书（2021版）》和《普通高等学校师范类专业认证自评报告撰写指导书（2021版）》的通知，对师范类专业认证提出了新要求。新要求的核心是：

一是推动专业构建"产出导向"的师范人才培养体系，并持续改进。一方面聚焦师范生培养质量提升，强调面向基础教育师资需求和师范生全面发展需要，关注师范生毕业时"学到了什么"和毕业后"能做什么"；另一方面，强调"持续改进"的质量保障体系建设。强化对学生学习效果的评价，改变质量意识淡薄的现象，要求专业从"评教"走向"评学"，逐步建立针对学生学习产出的评价改进机制。

二是强化以毕业要求为核心的"主线"要求，专业评价要紧紧围绕毕业要求，做好反向设计和正向施工。所谓反向设计，即专业要根据基础教育教师能力素质需求，确定合理的培养目标和人才培养规格（毕业要求）。所谓正向施工，即专业要根据培养目标要求，设计、实施课程教学，并保证师资队伍、办学条件等支撑毕业要求的达成。

三是建立"面向产出"的质量评价改进机制。"产出"强调人才培养的结果，即师范毕业生应该具备的核心能力素质要求。专业要以学生的能力达标程度为评价标准，建立教学评价机制，并形成基于评价的教学质量持续改进机制。

专业建立面向产出的内部监控机制、教学评价机制以及基于评价的教学质量持续改进机制，是师范院校内部质量保障建设的核心内容，也是师范专业建设的基本要求，它对促进人才培养质量的全面提高、推进专业内涵发展具有重

---

① 教育部.关于印发《普通高等学校师范类专业认证实施办法（暂行）》的通知.中华人民共和国教育部政府门户网站. http://www.moe.gov.cn/srcsite/A10/s7011/201711/t20171106_318535.html

要的作用。

三、自我驱动：新建地方本科师范院校的内在需要

新建地方本科师范院校的多由师范专科、成人教育院校或与中师学校合并升格而成，在师范教育上有着几十年的积淀，在发展师范教育上驾轻就熟，在师资条件和设备条件方面也有着较好的积累，有办学的优势。几十年来，这些学校在专科、成人和中专阶段都为我国基础教育培养了成千上万的优秀教师，成为地方基础教育的中流砥柱，在基础教育师资培养上有着良好的社会信誉。但是，升本后，受市场化发展、高等教育扩招的影响，高校之间的竞争日趋激烈，尤其是 20 世纪末教师教育体制由封闭走向开放，国家允许和鼓励非教师教育类高等学校参与培养、培训中小学教师的任务，综合性高等学校可以试办师范学院政策的实施，一些办学历史悠久的师范大学（学院）抢走了在过去应该是这类学校的生源。在生存压力下，加之办学时间短、建校基础差，本科办学经验欠缺，其师资力量、教学条件、学科专业基础等都与重点师范大学、综合性大学有较大差距，社会对综合性大学、重点师范大学的认可度远远高于新建本科师范院校，因此，为了快速缩小差距和追赶，新建本科师范院校往往会模仿综合性大学的某些特征做法，沿袭重点师范大学办学的思路和方式。同时，为了得到地方在办学经费和办学条件上的大力支持，新建地方本科师范院校对接地方需求，大力举办应用性专业，学校建设重心也向非师范转移，各个师范院校都开始往综合性院校的方向进行建设。

新建地方本科师范院校在一味追求"综合化"和"应用化"的过程中，由于缺少非师范领域的办学经验，也缺少师资条件和设备条件，更缺少非师范领域的社会影响力，总体上缺乏市场竞争力，处于不利地位。面对生源竞争和就业压力，为了提升学生就业能力，学校期望通过强化应用能力培养实现突围，在教学改革上加大了实践教学的成分，单纯地强调培养学生的动手能力，四年的大学学习生活，学生在校系统地学习专业理论知识的时间不足三年，不可否

认学生的职业能力是提高了，然而，学生掌握系统的专业理论知识却受到了很大程度的影响。[①]从客观事实来看，升格合并后的新建本科师范院校办学水平与办学层次的提升不相协调，在办学体制机制、管理水平、制度建设、评价机制等方面还存在诸多不足。[②]面对日益增大的竞争压力，新建地方本科师范院校要想获得快速发展，形成办学优势和特色，需要强化内部质量保障体系建设，推动专业内涵建设，不断提高人才培养质量，增加竞争力。

第二节 "服务—达成—发展"的质量保障体系建设理念

一、质量保障理念的提出

党的十八大以来，党和国家始终把教师队伍建设作为最重要的基础性工程。作为以培养未来教师为己任的高等师范院校，必须要深入思考，认真回答"培养什么样的教师、如何培养教师以及为谁培养教师"等根本性问题。师范院校要贯彻党的教育方针，以立德树人为根本任务，旗帜鲜明地将践行社会主义核心价值观、努力培养造就对中国特色社会主义思想认同、政治认同、理论认同和情感认同的"四有好老师"等价值理念放在人才培养的首要位置，并贯穿于人才培养目标设置、培养方案制订、教材资源建设、课程教学实施、教学质量评价的全过程，全面保障和提升师范类专业人才培养质量，为培养造就高素质教师队伍提供有力支撑。以学生为中心，夯实人民满意教育的师资保障。

为了切实从根本上促进人才培养质量的提升，教学质量保障体制机制的建立就成为关键。为此，国家层面围绕提升高等教育人才培养质量目标推出的一系列教育政策，包括2012年教育部发布的《全面提高高等教育质量的若干意

---

① 莫海平，莫柠源，齐岩. 新建地方本科院校教师教育的困境与出路[J]. 黑龙江高教研究，2011（06）：59-61

② 宋崔，冯海洋，李子建. 师范院校合并升格背景下的教师教育者专业困境——以一所地方新建本科院校为例[J]. 教师教育研究，2018（01）：95-102

见》、2018年《教育部关于加快建设高水平本科教育全面提高人才培养能力的意见》及2019年《教育部关于深化本科教育教学改革全面提高人才培养质量的意见》等系列文件，都强调要加强大学质量文化建设、提高质量保障意识、完善质量保障机制、建立多元化教学评估制度等。2017年教育部印发的《普通高等学校师范类专业认证实施办法（暂行）》中，在中学教育、小学教育、学前教育三类专业认证标准的第二、三级认证标准中都明确设置了"质量保障"一级指标，并下设保障体系、内部监控、外部评价、持续改进四个二级指标，体现了国家对师范专业人才培养过程及结果动态监控的质量要求。在认证工作中要求重点关注各主要教学环节质量标准支撑毕业要求的情况、教学过程质量常态化监控机制保障毕业要求达成度的情况、师范生培养质量持续改进和提高的评价结果运用情况等三个方面情况。质量保障相关指标明确了国家对师范院校质量保障体系建设的具体要求。因此，新建地方本科师范院校必须贯彻落实国家政策，紧密对标师范专业认证标准要求，重视教学质量保障组织架构、质量保障目标体系、质量保障实施过程等建设，明晰教学质量为何保障（目标）、保障什么（内容）、如何保障（方式、手段）等问题，建立覆盖各主要教学环节的教学质量标准。在质量保障建设的实践中，解决好如下关键问题：

一是解决"学生中心地位"不突出的问题。1998年，联合国教科文组织在高等教育大会宣言中提出"高等教育需要转向'以学生为中心'的新视角和新模式"，要将学生作为教育改革的主要参与者，重点关注学生的发展及其需要，并预言"以学生为中心"的理念必将对21世纪世界的高等教育产生深远的影响。[1]但长期受"以教师为中心"的传统教育观的影响，以关注"教为主"的监控观念，强调对教的监管，忽视学生发展、学生评价主体地位以及学习成效，学生在质量保障中的核心地位不突出问题尚未得到根本解决。

二是解决质量保障机制不健全的问题。包括教学质量保障体系不完善、内部监控体制机制不健全、外部评价缺失、持续改进机制不完善等问题。

---

① 刘献君 . 论"以学生为中心" [J]. 高等教育研究 . 2012（8）：1-6

三是解决质量"持续改进"不力的问题。由于质量自觉意识不够，关于提升教育教学质量，重校级层面的检查和监管，忽视了专业作为质量建设的主体责任，教学质量的要求没有内化为师生的共同价值追求和自觉行为，自省自律、自查自纠的内部质量保障长效机制不健全，以提高人才培养质量为核心的质量文化尚未形成。

2021年发布的《中华人民共和国国民经济和社会发展第十四个五年规划和2035年远景目标纲要》中提出了"建设高质量教育体系""建设高质量本科教育""建立高水平现代教师教育体系""布局建设一批高水平师范院校"等高质量发展目标要求。[①]高质量发展的内涵要求，就是要以关注"教师的教"为主的教育方式向"学生的学"的方式转变，关注教师、资源、条件的配置向有效利用的转变，更加关注教师、学生、用人单位等相关利益方的获得感。因此，在高质量发展的这一内涵要求下，质量保障的目的不仅仅是"保证目标达成"，应该是坚持以"学生为中心"，以"保证—促进—提升"为价值导向，树立"服务—达成—发展"理念。要以追求高质量持续发展为目标，立足为学校教育事业发展服务、为教师专业发展服务、为学生学业发展服务，强化质量保障"服务"本质；"达成"体现了质量保障建设的目标要求，质量保障要突出针对性、全程性、实效性，强化保障工作制度化、系统化、长效化，以利于教育目标的有效"达成"；"发展"是质量保障建设的深层次价值所在，意指要在不断满足多方面需求的基础上，通过对"招生—培养—就业"全过程的积极干预，持续提高和改进学校办学质量，强调学校的长期持续提升和发展，而不是短期利益和行为。质量保障应从关注资源条件满足、制度具备、监控评价等传统保障观，转向更加强调资源配置合理有效性、管理规范性、课程体系与培养目标适应性、教学内容与方法契合性、学生学习体验参与性、师生主体价值与积极性

---

① 中华人民共和国国民经济和社会发展第十四个五年规划和2035年远景目标纲要. 中国政府网. http：//www. gov. cn/xinwen/2021-03/13/content_5592681. htm

发挥程度等方面的持续提升，实现了保障促进"发展"意图。

二、质量保障体系建构的逻辑基础

（一）质量保障体系建构的理论基础

面对新时代高质量发展和师范专业建设规范的要求，高等教育质量保障体系建设要充分发挥全面质量管理理论、系统理论、PDCA循环管理理论、教育评价理论、教育管理理论等理论的重要指导作用。

1. 全面质量管理理论

全面质量管理理论最早见于1961年美国通用电气公司经理菲根堡姆发表的《全面质量管理》一书，是基于组织全员参与的一种质量管理形式。其含义概括为：以全员参与为基础，建立起产品的研究、设计、生产、服务等全过程的质量管理体系，有效地利用人力、物力、财力、信息等资源，以最经济的手段控制和影响质量的全过程以及其中各种因素的活动，从而使组织、全体成员及社会受益。分析其特点可归结为全面性、全员性和全过程性。（1）全面性：加强各部门协调，建立健全质量体系，把分散到组织各部门的质量职能充分发挥出来，使组织的各种质量活动构成一个有效的整体。（2）全员性：所有职员参加质量管理活动，通过制定各部门各级各类人员的质量责任制，形成一个高效、协调、严密的质量管理的工作系统。（3）全过程性：将市场调查、产品设计开发、生产、销售直到服务的全过程各个环节和有关因素控制起来，做到预防为主，防检结合，重在提高。[①]

依据全面质量管理的思想、方法、经验，人才培养质量保障体系建设中要建立全体教职员工和学生共同参与，对招生、计划制定与实施、教学运行、考试的全过程管理的质量监控系统和管理制度，采取一系列科学的方法与手段，通过对全过程的检查、评价，反馈其优势与不足，促进质量改进与提升。

[①] 胡铭. 质量管理学[M]，湖北：武汉大学出版社，2004：12-15

2. 系统理论

所谓系统，钱学森认为"系统是由相互作用相互依赖的若干组成部分结合而成的，具有特定功能的有机整体"；汉语词典的解释为"同类事物按一定秩序和内部联系组合成的整体"。系统论认为，整体性、关联性、等级结构性、动态平衡性、时序性等是所有系统的共同的基本特征。系统的整体观念是系统论的核心思想。系统中各要素不是孤立地存在着，而是处于相互联结状态中，每个要素在系统中都处于一定的位置，起着特定的作用。系统理论的方法，就是要把研究和处理对象当作一个系统，分析其目标、结构、功能，研究其活动规律。由于教育教学质量保障系统涉及教育工作的各个方面、环节、要素、过程，是一个复杂的运行系统，运用系统科学的方法显得尤其必要。[①]

3. PDCA 循环管理理论

PDCA 循环是美国质量管理专家沃特·阿曼德·休哈特首先提出的，由戴明采纳、宣传，获得普及，所以又称戴明循环。PDCA 循环的含义是指 Plan（计划）、Do（执行）、Check（检查）和 Act（处理）四个环节构成了一个活动完整的循环。在质量管理活动中，要求把各项工作按照做出计划（包括确定方针和目标与制订活动规划）、实施计划（根据已知的信息，设计具体的方法、方案和布局，并进行具体运作，实现计划中的内容）、检查实施效果（总结制订计划的结果，找出问题）、处理（对检查的结果进行处理，总结经验，将成功的进行标准化、不成功的将在下一循环得到解决）划分为四个阶段。这四个阶段不是运行一次就结束，而是周而复始地进行，一个循环完了，解决一些问题，未解决的问题进入下一个循环，这样阶梯式上升（如图3-1所示）。这一工作方法是质量管理的基本方法，也是企业管理各项工作的一般规律。[②]遵循PDCA循环管理模式，教学质量保障体系建设要建立"目标—标准—评价—反馈—改进"的质量闭环管理模式，推进人才培养质量的持续改进与提高。

---

① 贺祖斌. 高等教育大众化与质量保障[M]. 桂林：广西师范大学出版社，2004：63
② PDCA循环_360百科. https://baike.so.com/doc/5365869-5601561.html

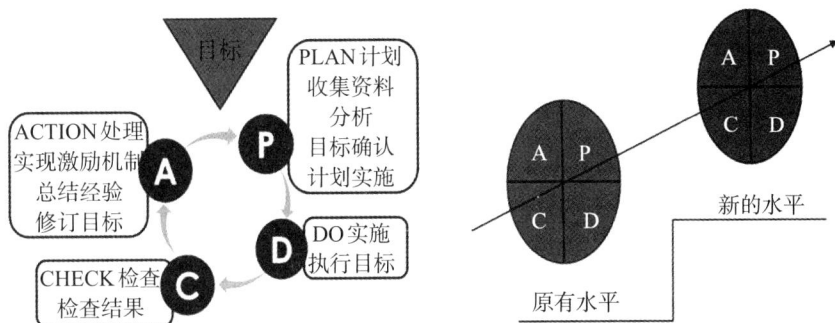

图 3-1　PDCA 循环模式图

4. 教育评价理论

"教育评价之父"泰勒，将教育评价看成是判断教育活动达成目标程度的活动，认为"教育评价过程实质上是一个确定课程与教学计划实际上达到教育目标的程度的过程"。我国学者陈玉琨认为，教育评价"是对教育活动满足社会与个体需要的程度作出判断的活动，是对教育活动现实的（已经取得的）或潜在的（还未取得，但有可能取得的）价值作出判断，以期达到教育价值增值的过程"[1]。学者们的研究认为教育评价理论发展大致经历了四阶段：第一个阶段是把评价作为一种测量活动，主要运用一定的技术与手段进行测量，追求测量与测量结果的标准化、客观化。第二个阶段是由单纯的测量进入重在描述的阶段，描述是对测量所得数据进行事实还原，着重描述结果与目标的匹配程度，并解释学生学习达成教育目标的程度。第三个阶段强调判断过程，依据一定的价值标准，根据测量结果判断学生发展情况，强调学生能力评价；第四个阶段是建构和综合阶段，主要研究教育建构过程、方法和特征，认知诊断理论和多维项目反应理论成为这个时期教育评价研究和应用的主流。[2]

高等教育评价最根本的目的在于推进高等教育质量的改进和提高，通过对教育全过程进行规范、系统的评价，及时发现教育过程中的优势和不足，从而不断完善教育理论，改进教育方法与手段，转变人才培养模式，促进教育投

[1] 陈玉琨. 教育评价学[M]. 北京：人民教育出版社，1999：7
[2] 教育评价（教育学概念）. 360 百科. https://baike.so.com/doc/1099371-1163225.html

入，达到提高人才培养质量的结果。因此，在质量保障系统的运行过程中，对教育过程进行科学评价，是判断和衡量教育质量高低、好坏、优劣的重要方法和手段，它是对教育过程进行优化调控的基础和前提。

5. 教育管理理论

关于教育管理理论，学界有多种观点，有的认为教育管理理论"是研究教育管理规律的，是以教育管理过程及规律作为自己的研究对象"[①]；"是研究教育管理活动的现象与本质，并揭示教育管理活动的普遍原理与规律的科学"[②]；"是以教育实践活动为对象"[③]等。无论是关注教育活动过程、活动规律、教育模式，还是关注教育问题的，教育管理理论对人才培养质量保障体系建设都有重要的指导意义，尤其在教学系统的监控和系统信息的采集、诊断、反馈及处理上提供了方法论。因此，教育管理理论也是质量保障体系建设的重要理论依据之一。

（二）质量保障体系建设的逻辑原则

引导师范类专业规范建设、建立健全人才培养质量保障体系、推动师范专业内涵建设、不断提高教师培养质量是国家全面实施师范专业认证的根本目的，专业认证所倡导的"学生中心、产出导向、持续改进"的理念，体现了国家对师范院校办学的具体要求，也为师范院校的高质量建设提供了方向指引。师范专业认证工作绝不是一次"检查或评估活动"，其作用在于推动师范专业的规范和高质量建设，持续改进和提高师范生培养质量。为此，在国家高质量发展背景下，新建地方本科师范院校在质量保障建设上，要坚持如下原则。

1. 坚持"适用性"原则

要充分遵循高等教育规律，紧密结合师范院校办学定位、培养目标定位、服务面向和师范特色，把促进人的全面发展和适应基础教育需求作为质量保障的目标。

---

① 陈孝彬. 教育管理学（修订版）[M]. 北京：北京师范大学出版社，1999：1-3
② 安文铸. 现代教育管理学引论[M]. 北京：北京师范大学出版社，1995：29
③ 黄志诚，程晋宽. 现代教育管理理论[M]. 上海：上海教育出版社，1999：1-5.

2. 坚持"以学生为中心"原则

要贯穿于质量保障体系建设的始终，落实学生中心地位，强调要关注学生学习效果和学习体验，以学生学习获得感和岗位需求为中心，配置教育资源、设置课程和实施教学。学生作为教学活动的利益方，参与教学过程和服务评价活动，并将结果运用于教学的改进。

3. 坚持"标准性"原则

要深入理解专业认证标准内涵，并将其转化为专业质量建设的标准，指导师范专业规范建设和高质量建设，因此，质量保障体系要重视质量标准建设，重视制度性的建构。

4. 坚持"系统性"原则

高等教育质量保障建设是一项系统工程，要树立全员参与、全要素保障、全过程质量管理的意识，要将质量形成的所有环节和因素都纳入质量保障的范围，覆盖学生发展全过程，即招生—培养—就业。突出学校特色、突出质量关键环节、突出质量责任主体。

5. 坚持"反馈性"原则

要求在质量管理和监控过程中，从发现问题、诊断到追踪及改善，要建立"评价—反馈—改进"闭环，重视诊断与评价结果的运用，要将评价结果应用于人才培养方案修订、课程体系优化、教师教学方式改进等方面，持续提升师范类专业人才培养的质量。

6. 坚持"发展性"原则

师范专业认证的目的在于引导师范院校聚焦师范生成长成才、建立基于产出的专业持续改进质量保障机制，因此，要重视质量文化建设，营造教学质量文化氛围，达成使命认同，使教学质量意识渗透于教学和管理的全过程，形成持续长效的教育质量建设观念。

7. 坚持"持续性"原则

质量保障不是"一次质量评估活动"，它是高校为达到高等教育质量要求所做的持续性工作，质量保障"强调建立一个持续的、可依赖的、不断满足目标并能够进行周期性审查的体系和程序。强调目标持续性和可信赖的达成"①。质量保障贯穿于质量建设的全过程，没有终点，永远在路上。

（三）质量保障体系建设的逻辑核心

高等教育质量保障体系建设是围绕着高等教育质量保证与提升的一项系统工程，旨在促进高校人才培养、科学研究和社会服务职能的全方位实现，而人才培养居于核心地位。2018年6月，时任教育部部长陈宝生在新时代全国高等学校本科教育工作会议上明确指出：要把人才培养的质量和效果作为检验一切工作的根本标准。因此，质量保障体系建设要以学生学习效果、学生发展为中心，围绕人才培养质量的关键指标、环节和要求进行，包括人才培养目标、毕业要求、课程目标是否有效达成、培养效果如何、培养过程是否合规、人才培养质量是否满足社会发展需求等方面。这些核心要求具体概括为"五度三达成"。

所谓"五度"，指人才培养目标与培养效果的达成度、办学定位和人才培养目标与国家和区域经济社会发展需求的适应度、教师和教学资源条件的保障度、教学质量保障体系运行的有效度、社会和学生及用人单位的满意度五个方面的质量保障效果。②这"五度"涵盖了高等学校人才培养过程的各个环节，也涵盖了学生从入学到毕业的整个输入输出过程。它是高等院校审核评估考察的重点，这"五个度"全面体现了"以学生为主线、以学生发展为中心"的评估思路，③高校的办学活动必须围绕着这五个方面开展。因此，全过程、全要素理念下，高等教育质量的保障必须以"五度"为核心建立质量保障机制。

1. 人才培养目标与培养效果的达成度

培养目标是高等学校对学生基本素质在层次、类型、规格上所做的不同规定，是根据高等教育目的而制定的，是高等教育目的的具体化，是学校一系列

---

① 史秋衡，吴雪，王爱萍，等.高等教育大众化阶段质量保障与评价体系研究[M].广州：广东高等教育出版社，2012.12：197

② 教育部.关于印发《普通高等学校本科教育教学审核评估实施方案（2021—2025年）》的通知.中华人民共和国教育部政府门户网站.http://www.moe.gov.cn/srcsite/A11/s7057/202102/t20210205_512709.html

③ 田昕."以学生为中心"的高校教学质量保障体系构建[J].上海教育评估研究，2020（01）：13-17

教育教学活动的出发点。人才培养目标与培养效果的达成度指按照培养目标的要求，设计和实施具体的教育教学活动，实现或达成预设的人才培养目标的程度。"达成度"反映了人才培养效果与培养目标吻合程度。衡量"达成度"的指标包括：教学内容、教学方法、教学效果、课堂教学、实践教学、实习实验、课程考核、第二课堂、社会实践、毕业率、就业率等方面，涉及培养过程和就业环节。

2. 人才培养目标与社会需求的适应度

高等院校是为社会培养和输送高素质人才的重要机构，担负着为社会各行业培养合格建设者的重任。因此，其人才培养目标必须根据区域社会经济的需要，合理定位，确定人才培养的规格和素质要求，并据此制定人才培养方案，搭建课程体系，体现为社会经济建设服务。人才培养目标与社会需求的适应度就是指学校人才培养目标与社会对人才需求的契合程度。

3. 教师和教学资源对学校人才培养的保障度

教师和教学资源是高等学校办学的基本条件，根据教育部关于印发的《普通高等学校基本办学条件指标（试行）》，对高等学校的办学条件有明确的数量和质量要求。[①]教师是人才培养的重要保障，不仅要保证数量，同时要重视师德师风、教育教学能力与水平、科学研究能力与水平等质量因素。教学资源保障学生学习活动的基本条件，包括教室、教学经费、教材和教学资料、实验室、教学仪器设备、体育场馆等显性或隐性的要素。显然，拥有高素质、数量充足的教师和丰富的教学资源的学校，人才培养的保障度高，反之则低。

4. 教学质量保障体系运行的有效度

建立完善的质量保障体系是高校保证和促进教学质量提高的重要手段，也是本科教学评估、师范专业认证等工作的重要考察内容。学校要建立专业标准、课程标准和各主要教学环节的质量标准；实施自我评估制度，包括开展院系评估、学科专业评估、课程评估等；建立教学基本状态数据库，发挥教学状态数据对教学工作的常态监控作用。通过自我评估、督导检查、教学状态数据

---

① 教育部关于印发《普通高等学校基本办学条件指标（试行）》的通知 - 中华人民共和国教育部政府门户网站 http://www.moe.gov.cn/srcsite/A03/s7050/200402/t20040206_180515.html

常态监控等收集质量信息并对质量过程进行诊断、评价、调控和改进工作，不断提高人才培养质量。教学质量保障体系运行的有效度是指学校根据相关制度、质量标准等开展了常态化的质量监控、评价、反馈、改进等工作，达到了保证和提高教学的质量效果。

5. 学生和社会用人单位的满意度

"满意度"是学生和社会用人单位对学生学习效果、毕业生素质和职业能力等方面的满意程度。学生是学习的主体，是学校教育教学活动的亲历者、体验者和评价者，学校教学活动和服务工作的质量，最终要体现在学生的学习效果、获得感和满意度。用人单位是人才的使用者，毕业生综合素质和职业能力要与用人单位的需求一致，达到用人单位的满意。因此，学生和用人单位的满意度是衡量人才培养质量的根本尺度。

所谓"三达成"，指课程目标达成、毕业要求达成、培养目标达成。这是高等学校办学的基本要求。这三者之间具有紧密的内在逻辑和支撑关系（如图3-2所示）。

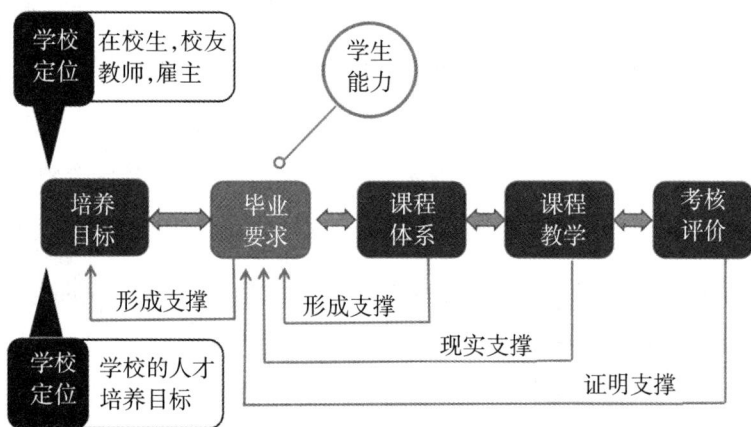

图3-2　培养目标、毕业要求与课程体系之间的支撑关系

培养目标是根据国家对高等教育的要求以及学生、用人单位等利益群体的需求而制定的，它体现着学校的人才培养定位。引导着学校的办学方向和行为，属于顶层设计的范畴。培养目标是否达成，反映了学校人才培养的成效如何；毕业要求是培养目标的具体化，它由合理的课程体系来支撑；课程体系是

由不同模块的课程组合而成的，通过每一门课程教学与实践教学环节的实施来达成，课程目标的达成支撑了毕业要求的达成。因此，从梳理上述逻辑关系来看，课程自然成为学校人才培养的关键和抓手。从反向思维的角度，要求高等院校必须从学生和用人单位的需要出发合理定位，制定与社会需求相适应的人才培养目标和毕业需求，构建与之相适应的课程体系，并形成人才培养方案。"三达成"是人才培养质量的结果，高等教育质量保障的根本目的就在于促进和保证人才培养的质量。

第三节 产出导向的内部质量保障系统构成

高校内部质量保障体系是学校依据国家关于高等教育的法律法规和质量建设相关政策要求，在政府教育行政部门的指导和监督下，自己内部建立的质量保障体系，包括建立组织机构、完善制度和体制机制、加强学科专业和课程建设、提供人、财、物支撑、运用现代教育管理方法和手段对"招生—培养—就业"的全过程进行质量管理和监测评估等内容。内部质量保障的目的在于有效促进高校人才培养、科学研究、社会服务等目标的顺利实现，它注重过程质量的保障，关注培养目标的达成度。

在高等院校的基本职能中，人才培养是核心职能。人才培养的质量最终体现在学生的学习效果和发展能力。学生在学习过程中的获得感和满意度以及知识—能力—素养等方面的收益、专业发展能力的培养是衡量高等教育质量的重要标准，也是评价高等教育质量的根本所在。因此，内部质量保障强调要立足社会需要和人的全面发展，以学生未来发展成效为导向，关注学生毕业后"学到了什么"和"能做什么"，树立"以学生为中心""产出导向"的教学质量保障，要求确保教学中心地位。以"学生为中心"的教育理念要求转变育人观念，强调要根据学生学习效果以及对学生发展成效的贡献率优化配置师资及教学资源，教学活动强调从以"教师的教"为主导向以"学生的学"为主导的模式转变，关注学生的学习投入、学习过程、实践应用能力提高和学习效果，将学生和用人单位等利益相关方的满意度作为人才培养质量评价的重要指标。聚焦核心能力素质要求，对人才培养活动进行全方位、全过程的跟踪与评价，并将评价结果用于人才培养质量的持续提升和改进。建立持续改进的质量保障机制和追求卓越质量文化，推动人才培养质量的不断提升。①

国内综合性高校根据学校发展要求，结合办学特色，积极开展质量保障体系建设实践，取得了积极的成效。它们的做法对新建地方本科师范院校内部质量保障体系的构建具有一定的借鉴与启发作用。

一、综合性高校内部质量保障体系建设的实践及启发

（一）同济大学的实践

综合性高等院校中，同济大学的内部教学质量保障体系建立时间早、保障体系比较完善，取得了显著保障成效，对其他高等学校内部教学质量保障体系的建设具有一定的示范效应。同济大学自2003年起就对本科人才培养开展了质量保障体系的建设，后来扩展到研究生培养，通过几年的建设，逐步建立了全方位监控、本研全覆盖、循环闭合、持续改进的教育教学质量保证体系。

同济大学的内部质量保证体系包括教育教学质量保证体系和办学质量与绩效评估系统两方面。其中教育教学质量保证体系主要以教育教学质量为核心，包括教学质量标准纲要、质量框架、质量流程、质量实施条例等基本内容。"标准纲要"明确了影响教学质量的关键因素和关键环节的质量标准，包括教学质量目标和管理职责、教学资源管理、教学过程管理以及教学质量监控、分析和改进等四个主要方面，每个内容下设有一级项目和二级项目；"质量框架"则明确了保证教学质量的领导机构、管理机构、工作机构、监督系统及各自的职责，确立了工作体制以及执行标准；"质量流程"明确了工作机制；"实施条例"是用条文形式对各机构的职责和权限进行了清楚的界定。②

① 周晓静，何菁菁.我国师范类专业认证：从理念到实践[J].江苏高教，2020（02）：72-77
② 陈以一.高等学校内部教育教学质量保障体系建设的思考——基于同济大学教学质量保证体系的建设与实践[J].中国高教研究，2016（01）：51-53

（二）厦门大学的实践

早在21世纪初期，厦门大学就非常重视内部质量保障体系建设。在建设过程中，遵循"五项原则"，注重质量效果的"四个度"。"五项原则"包括指向性原则，即人才培养质量是质量核心；整体性原则，即从目标设计、模式选择、过程监控、结果输出等四个方面综合管控教育质量；阶段性原则，即要针对人才培养不同阶段的主要矛盾精准实施教育质量监控；可控性原则，即各教学环节要设定明确的质量标准；持续性原则，即质量保障有效运行且可持续发展。"四个度"包括培养目标与社会或个体需求的吻合度、培养模式与培养目标的匹配度、培养过程和培养模式的契合度及培养结果与社会或个体需求的适应度。经过多年实践，厦门大学通过整合内部各类教学资源、协调教学过程的各个环节，以教学状态数据为基础，以年度教学评估为抓手，建立了自我约束、激励、改进和发展的闭环运行机制，形成了较为完善的内部质量保障体系。[①]

2014年，联合国教科文组织国际教育规划研究所在全球范围发起了"高等教育内部质量保障的优秀原则和创新实践"项目，评选出内部质量保障优秀创新实践案例8个，厦门大学是其中之一，也是东北亚地区唯一一所入选高校。厦门大学的内部质量保障体系之所以能脱颖而出，其独特之处在于：它以提高课程质量为核心，通过多种途径加强对课程的管理监控；形成包括多个机构和人员多方参与的体系；制定了完善的教学管理制度，明确了各环节的质量要求。[②]

（三）西南交通大学的实践

西南交通大学是省属地方本科院校，学校坚持以国家标准为导向，对接国

---

① 郑觅. 高校内部质量保障：框架与措施——联合国教科文组织"IQA项目"优秀案例述评[J]. 中国高教研究，2016（09）：17-23
② 乔连全，王佳慧. 高校内部质量保障体系的构建与特色——以厦门大学为例[J]. 中国高等教育评论，2018（02）：172-179

内外经济社会发展需要，落实学校定位和总体目标，坚持OBE教育理念，构建了校、院和基层教学组织共同组成的质量保障体系。

西南交通大学认为高质量的课程是本科教育质量的根本保证，课程质量是教学质量保障的重点。在这个基本观念的基础上，学校围绕课程建立了以"学"为中心的课程质量持续提升机制，形成了"一个框架、两种体系和三大支撑"的课程质量持续提升框架。"一个框架"是指以"学"为中心课程的质量标准框架，包含质量关键因素、质量标准以及质量准则；"两种体系"包括课程质量评价体系（包含专家评价、教学状态常态化监控以及学生学习体验调查等）和课程教学创新体系（含课程建设、教改项目和跨学科平台等），这两种体系相互优化、相互促进，同时也对质量标准框架起到优化与改进作用；"三大支撑"包括确立课程质量保障机制、运用信息化与教学协调平台、构建卓越的教学保障体系等。①

（四）常熟理工学院的实践

常熟理工学院是新建地方本科应用型院校，办学中紧密对接企业行业需求，应用性与实践性特色突出，在质量保障建设中的一些经验和做法具有一定的启示和借鉴作用。它是以理工科为主的多学科共同发展的省属全日制普通本科高校，2004年，经教育部批准，由师范专科学校与高职专科学校合并升格而成，是较早确定了以培养应用型、实践型人才为目标的院校。学校虽以师范起家，但以工学为特色。学校是全国高校质量保障机构联盟副理事长单位、"国家教育体制改革"试点项目高校、教育部"卓越工程师教育培养计划"试点高校、国家"十三五"应用型本科产教融合发展工程项目建设高校、国家"十四五"教育强国推进工程储备院校。升本以来，学校坚持质量立校战略，坚持OBE理念，努力探索和构建与学校类型、层次和发展状况相适应的校内质量保障体系。

---

① 张超. 新理念下地方本科院校内部教学质量保障体系建设研究[D]. 东北石油大学，2020，23-24

持久的质量保证源于全员的质量文化意识。常熟理工学院通过开展教育思想大讨论、学习高等教育理论、研讨应用型办学措施、校内外专家报告等多种方式，强化全员质量意识，努力营造"自我管理"的质量文化氛围。构建了由组织保障系统、教学质量管理文件系统、教学质量信息采集系统、教学质量评价与监测系统、教学质量信息反馈改进系统等组成的内部质量保证体系。在质量保障的实践中，学校转变观念，从单纯关注教学环节质量转向调动学校各方面的积极性保障教学质量；从结果管理转向目标管理；从事中的监督促质量转变为事前的预防保质量；强调信息的运用，将教学信息的收集、整理、运用作为系统运转的重要理论依据和前提。这些方面的改善有力地促进教学质量的提高，推动学校健康有序地发展。[①]

二、新建地方本科师范院校内部质量保障体系的建设实践

（一）合肥师范学院的实践

合肥师范学院是一所新建地方本科师范院校，2007年由成人本科转制为普通本科院校，前身是安徽教育学院。学校经历了由成人本科向应用型本科转变和由教师教育的单科性向多科性应用型人才培养的转变。在"两个转型"中，学校强化质量保障体系建设，遵循目标性、科学性、系统性、全员性、全程性原则，紧扣影响教学质量的关键环节和主要因素，编制《合肥师范学院教学质量保障体系纲要》，初步构建了包括教学管理决策体系、教学质量目标体系、教学资源管理体系、教学过程管理体系、教学质量评价监测与改进体系等五个子系统的内部教学质量保障体系基本框架，形成了常态化、制度化和自觉化质量保障机制。

在具体做法上，一是健全了管理制度和质量标准。形成校、院（系）两级

---

① 傅大友，钱素平. 新建本科院校建立教学质量内部保证体系的探索与实践——以常熟理工学院为例 [J]. 中国高教研究，2007（10）：59-60

管理制度，包括规划类、规范类、实施类、考核类、奖惩类等方面的制度。确立了"三新（新理念、新知识、新技能）三会（会备课、会上课、会当班主任）"的人才培养目标；针对专业建设制定了课程设置、课程建设、主要教学环节等质量标准和评价办法；针对管理过程制定了教学管理各个环节的流程和管理标准；针对行为规范制定了教师教学工作、辅导员（班主任）日常管理工作等行为标准；二是组建了校、院（系部）、教研室三级教学质量管理队伍。三是加强教学质量信息搜集、反馈和整改。四是开展自我评估，包括本科教学评估（学校依据评估指标体系，组建专项评估小组，对各院及系部教学工作定期进行评估）、课程评估（2010年启动合格课程建设，邀请校内外专家，采取专场验收会和"逐人逐课"的方式，分期开展合格课程建设验收评估工作）、专业评估（学校制定评估方案，专业自评+校内外专家评价）、课堂教学评估（常态化的听课评课制度，开展"课堂教学人人过关"活动）、各类专项评估（试卷、论文、实习实训等专项检查）。①

（二）贵州师范学院的实践

贵州师范学院的前身是贵州教育学院，2009年经教育部批准，改制为全日制普通本科院校。学校在对人才培养模式进行全方位改革的基础上构建了质量保障体系，质量保障的逻辑主线是人才培养流程，包含"分析人才需求、目标决策、确定人才培养目标、制订最优人才培养方案、实施人才培养方案"五个环节。

学校坚持"质量监测是为了持续改进各项工作"的理念，实施"拟定质量标准及评价表—质量信息收集—质量信息分析与反馈—自我调控"的闭环质量监测与改进工作。制定了四个方面的质量标准，包括教育质量标准、主要教学环节的质量标准、具体工作的质量标准以及评价标准。每份质量标准至少应包

---

① 赵帮惠.新建本科院校教学质量保障体系的构建——以合肥师范学院为例[J].合肥师范学院学报，2015（05）：109-112

含方针、策划、实施和运行、业绩评定、改进、管理评审等维度的内容。围绕学生学习和成长，构建了过程识别、过程检测和过程验收三大体系，确保每个"过程"都处在监控和持续改进状态中。[①]

（三）成都师范学院的实践

成都师范学院是四川省省属本科师范学院，创建于1955年，历经四川省教育干部进修学院、四川省教育学院、四川教育学院等发展阶段。2012年3月，经教育部批准，改制为全日制普通本科院校，更名为成都师范学院。学校紧扣教师教育和经济社会服务"双面向"、普通师范教育和职业技术师范教育"双重点"，办学水平提升和社会服务拓展"双任务"，强化师范院校的"三个回归（师范性、专业性、职业性）"，坚持"学生中心、产出导向、持续改进"的理念，对标师范专业认证标准，加强师范专业建设，积极推动构建"师德养成—师能培育—师知传承"的人才培养体系。

学校将为地方培养合格师资为主要任务，以"保证—促进—提升"为价值导向，秉承"服务—达成—发展"保障理念，围绕"五度三达成"核心，针对"招生（输入）—培养（过程）—就业（输出）"全流程，构建了"招生—培养—就业—培训—队伍—保障"协作机制；以毕业要求达成为导向，建立了面向产出的教学评价机制和基于评价的教学质量持续改进机制。

学校坚持"三全（全员参与、全程监控、全面保障）、三化（管理制度化、监控常态化、改进持续化）、三突出（突出学校特色、突出关键环节、突出责任主体）"的质量保障思路，从质量目标保障—支撑要素保障—质量过程保障三个维度，构建起了由"目标与标准—决策与组织—制度与资源—监控与评价—反馈与改进"五个子系统组成的"服务—提升型"质量保障体系（如图3-3所示），建立"产出导向的"质量保障机制，积极推进"学校—学院—专业"三级质量文化建设。

[①] 肖炜煌，邓琴.应用型本科院校质量保障体系模型——以贵州师范学院为例[J].教育观察，2017（05）：47-50

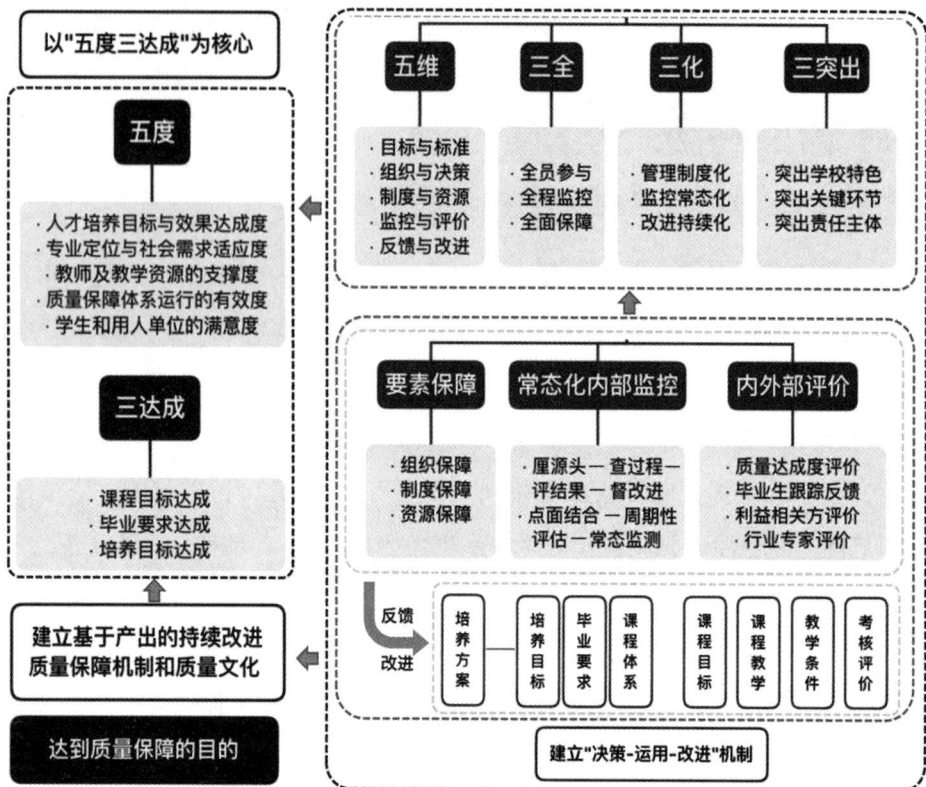

图3-3 "服务—达成—发展"理念的质量保障体系

学校围绕质量核心和过程加强质量标准建设，强化组织、制度及资源等要素保障，扎实推进点面结合、周期性评估和常态监测相结合的监控体系建设，从招生、培养到就业，开展"厘源头—查过程—评结果—督改进"全过程常态化监控服务工作，以毕业要求为核心，建立多维度、逐层递进的评价闭环系统，开展了"目标—标准—评价—反馈—改进"的闭环监控实践。

五个子系统中，目标与标准作为质量目标保障维，要求专业在深入开展专业定位和社会需求调研的基础上，确定人才培养目标→毕业要求→课程体系→课程目标，制定专业建设标准和各环节质量标准，保障人才培养效果达成。

决策与组织、制度与资源作为支撑要素保障维，按照培养目标要求，提供组织、制度、教师及教学资源的有效支撑。

监督与评价、反馈与改进作为质量过程保障维，依据培养目标、质量标准实施内部监控与内外部评价，形成"目标—标准—评价—反馈—改进"闭环，建立基于产出的评价机制和持续改进机制，实现质保体系有效运行，达到学生和用人单位满意。(如图3-4所示)。

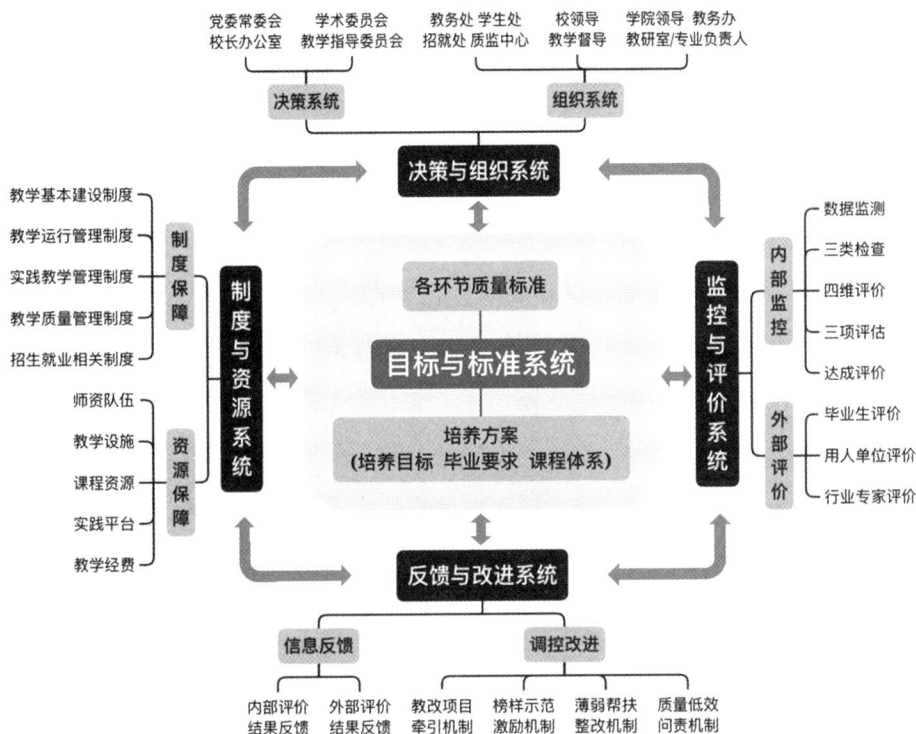

图3-4　五维一体质量保障系统架构

1. 目标与标准子系统

在教学质量保障中，质量目标与质量标准体现着教学质量工作的宗旨和方向，是教学质量保障体系运行的前提和基础。建立和完善学校内部教学质量保障体系，首先应当建立和完善自身的教学质量目标系统和质量标准系统。质量目标既包括学校办学定位、人才培养目标、专业培养目标、课程目标等宏观目标，还包括人才培养活动各环节的具体目标。根据人才培养各环节质量生成特点，质量标准包括教学条件标准、教学过程标准、教学管理质量标准等。目标和标准系统构建非常重要且内容非常复杂，主要由校党委、校行政、学校本科教学指导委员会、教务处、质量监测中心、二级学院、相关职能部门等共同协作。

2. 决策与组织子系统

决策系统由学校党委常委和行政班子、党委常委会、校长办公会、本科教学指导委员会、学校学术委员会等组成。其主要任务是确定学校整体的发展规划与目标、组织制定学校各项规章制度、建立人才培养运行机制，制定人、财、物投入的政策措施和质量标准政策、指挥与协调有关部门根据社会发展的需求变化对培养目标和人才培养活动过程与效果进行监测评估、对人才培养过程中产生的重大问题进行审议和决策等，确保人才培养的质量达到预期的目标。组织系统包括校、院（系）两级，由主管教学的校领导、学校教务处、质量监测中心、学生处、招生就业处、院（系或专业）负责人、教学督导和学院教务办等构成，组织系统接受决策指挥系统的指令，组织开展人才培养活动及教学质量保障和管理活动。校级层面由教务处、质量监测中心、学生处、招生就业处等部门主导，主要对人才培养活动从全校层面整体组织、管理、监督等。院（系）层面重点在于对本院系内的教学活动、教师和学生双方活动的指导与管理。

3. 制度与资源子系统

制度与资源子系统作为要素保障系统，主要由招生就业处、教务处、人事处、学生处、财务处、国资与实验设备处、后勤处等部门构成，按照培养目标要求，提供教学基本建设、运行管理等制度，提供教师及教学资源的必要的人、财、物的有效支撑，确保人才培养活动的有序开展。

4. 监测与评价子系统

监测与评价子系统是由质量监测中心、教务处、学院教务办等质量管理相关职能部门和教学督导、学科专家、骨干教师、学生等共同组成的质量评价与诊断系统。该系统紧密围绕"五度三达成"质量核心，坚持质量监控队伍全员化、质量监控过程全程化、质量监控领域全方位化、质量诊断评价的科学化，依据专业建设和各环节质量标准，针对"招生—培养—就业"的全过程开展全方位的质量监控、诊断、评价等工作。

5. 反馈与改进系统

教学质量监测中心将监测和评价的信息、结果等向各职能部门、教务处及二级学院、教师等及时进行反馈。通过及时、准确地掌握反映教学活动中的各种信息，为学校领导科学决策提供依据，及时调整人才培养质量的目标与规格，对教学实施过程及时进行有效调控，从而促进质量的改进提升。

三、新建地方本科师范院校质量保障体系构架

在新时代高质量发展战略大背景下，新建地方本科师范院校肩负为基础教育培养优质师资的时代重任，要以开展师范专业认证工作为契机，规范师范专业建设，坚持"学生中心、产出导向、持续改进"的理念，保障"教师之师"的培养质量，不断加强质量保障体系建设。

根据人才培养过程和质量生成的内在逻辑，借鉴不同高校质量保障的实践，在"服务—达成—发展"保障理念下，围绕"五度三达成"质量保障核心，针对"招生—培养—就业"全流程，强化"服务促进发展"的认识，以"保什么、谁来保、怎么保"的思路，搭建"顶层设计+指挥与支撑+监控与促进"的三维质量保障体系（如图3-5所示）。

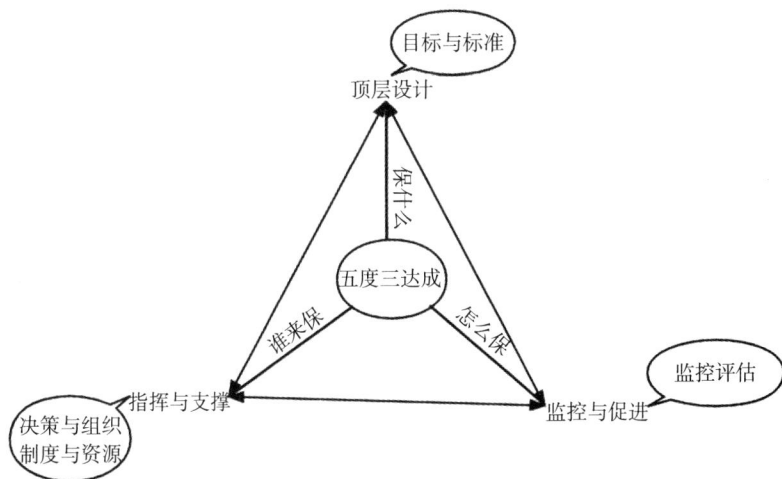

图3-5　三维质量保障体系构架

顶层设计维度主要包括目标与标准子系统，重在解决质量保障"保什么""依据什么来保"的问题。它是质量保障体系建设首先要明确的问题，居于方向性地位。

指挥与支撑维度包括决策与组织、制度与资源两个子系统，重在解决质量保障"谁来保"的问题。决策与组织子系统在整个系统中处于指挥领航地位，对目标与标准的制定、体制机制建设、资源供给、人才培养过程管理等进行决策，提供组织保障，处于"领航者""指挥者"角色。制度与资源子系统，是系统得以顺利有效运行的制度、人、财、物等条件支撑。

监控与促进维度主要侧重人才培养质量的过程管理，旨在解决质量保障"怎么保"的问题，主要以监测评估系统为核心，是一个包括信息收集、诊断评价、反馈、改进在内的闭环系统。在人才培养质量的过程管理上，构建"保证—促进—诊断"质量管理模式。转变质量管理观念，开展"厘源头—查过程—评结果—督改进"全过程常态化监测服务工作，变"监督功能"为"促进功能"，"监控"由以往的监督、考核等转换为全方位质量信息采集，实现质量"监控"向"治理"的转变，变结果性评价为诊断性评价，突出"发现问题—分析诊断—提供改进"功能。

三个维度之间具有密切的关系：顶层设计维度是前提，其他两个维度要以此为目标和依据，并开展相关工作；指挥与支撑维度是桥梁，通过提供决策组织、制度及资源保证顶层设计维度的实现和有效执行，保障监控与促进维度工作的顺利开展；监控与促进维度是手段，其有效运行是以顶层设计维度为前提，以指挥与支撑系统为基础。

第四章
新建地方本科师范院校
人才培养质量保障顶层设计系统

在质量保障体系中，质量目标与质量标准体现着人才培养质量工作的宗旨和方向，是质量保障体系的龙头，居于顶层设计的地位。质量目标与标准是指学校人才培养所追求的质量目的和规范要求，是学校在一定时期内人才培养工作所依据的标准和要达到的预期效果，也是学校进行教学质量管理的基本依据。社会对人才培养质量的要求和标准决定了高校教学质量的评价标准。新建地方本科师范院校建立和完善学校内部教学质量保障体系，首先应当建立和完善自身的人才培养质量目标系统和质量标准系统。

第一节　人才培养质量保障体系的目标系统

高等教育的目标，影响着高等学校人才培养活动的内容与方式，对人才培养的结果提出了具体要求。高校人才培养质量目标系统自上而下包括学校办学定位、人才培养总目标、各专业人才培养的具体目标、课程目标等，它们之间具有紧密的逻辑关系。一所学校人才培养的总目标主要是依据其办学定位来确定的，学校人才培养总目标通过各专业人才培养的目标来体现，专业人才培养目标是由课程目标来支撑的。

一、学校办学定位及确定依据

（一）办学定位的内涵

关于高等院校办学定位的含义，在我国高等教育领域较早提出的曹方先生认为"办学目标是办学的奋斗目标或努力方向。"是学校领导要考虑"一所学校要办成什么样子？在本地区、本系统中处于什么位置？……是否要办出自己的特色？学校培养的是哪一种类型、哪个层次的人才"等问题。①此含义在国内高等教育研究领域具有较高的认同度。眭依凡认为"大学办学定位是关于办学治校者希望把大学办成什么样子的一种教育理念，是他们持有的具有强烈主观色彩的关乎自己所在大学的方向选择、角色定位和特色所在的大学理想和价值追求"②。郭桂英、姚林认为"办学定位是办学者根据社会政治、经济文化发展的需要及学校所处的环境，从办学条件与办学现状出发，确定学校的发展方向、奋斗目标、建设的重点与办学的特色"③。以上观点都包含了办学定位确定的依据、学校发展方向、长远目标和办学类型等核心问题，总体来说，办学定位是学校根据当时所处的政治、经济、社会等背景状况，综合考虑办学传统与优势、师资力量、办学资源等条件，对未来一定时期内学校的发展方向、人才培养目标、办学类型与规模、服务面向、建设重点、办学特色等方面的统筹规划。每所高校承担的任务、服务功能的类型和范围不同，其定位也不同。在不同的历史时期、发展阶段上，学校都会根据需要确定不同的办学定位。

办学定位是高校办学的顶层设计，具有十分重要的地位和作用，其重要性在于它是高校明晰办学方向、理清发展思路、保证办学质量的基础，也是学校制定发展规划、制定规章制度和质量标准、开展教学活动的重要依据。加州大学伯克利分校原校长田长霖曾说过，一所"大学重要的首先要明确其作

---

① 曹方.试论高等学校的办学目标定位[J].中国高教研究，1997（04）：65-68
② 眭依凡.大学校长的办学定位理念与治校[J].高等教育研究，2001（04）：49-52
③ 郭桂英，姚林.关于我国高校办学定位的研究[J].江苏高教，2002（01）：62-65

用、职责、目标、定位，这样才能开始"。①各类高校只有在发展过程中不断明晰自身的办学定位，才能面向社会找准自己的生存发展空间，形成自己的办学特色。

关于办学定位的具体内容有不同的认识，从各院校的实践来看，具有一定的共识，以下四个方面是最基本的内容：

1. 服务面向定位。服务面向指高校在人才培养、科学研究和社会服务等方面的服务范围、领域及层次。服务空间上，地方高校一般立足于所在区域；服务领域上，一般以服务本地区经济社会为主，主要面向本地区 企业（行业）；服务层次上，地方高校根据社会发展需要，主要面向基层、面向生产一线。②

2. 发展目标定位。发展目标是未来一定时期内高校在人才培养、科学研究、社会服务等方面带全局性、方向性的奋斗目标，体现着学校对未来发展趋势、发展方向的科学预见和前瞻性思考。发展目标对学校制定发展规划、确定战略步骤有重要影响。发展目标定位要考虑学校办学基础、师资力量、办学条件与保障等，切合学校发展水平和能力，要在突出内涵建设上下功夫，不可盲目冒进。

3. 办学类型定位。在我国的普通高等教育体系中，通常根据教学工作和科研工作侧重点的不同，把高校分为研究型大学、教学研究型大学、以教学为主的院校等类型。不同类型的高校，其人才培养层次、科学研究贡献、社会服务的水平和能力以及在高等教育系统中发挥的功能和作用也有所不同。③办学类型定位反映了高等教育系统内教育的分工和协作关系。

4. 培养目标定位。也指人才培养的规格定位。不同类型、不同专业的人才培养有不同的目标定位，如实用型人才、应用型人才、学术型人才等，社会对不同规格人才的知识、能力、素质的要求有所不同。高校需按照不同的目标定位来设计人才培养方案，组织课程和实施教学活动。学术型、应用型、职业型

① 宋晓梦. 田长霖教授谈21世纪如何创新重组研究型大学［N］. 光明日报，2000—01—12
② 牛金成. 高校办学定位研究：内涵、属性与内容[J]. 现代教育科学，2012（04）：18-20
③ 郭桂英，姚林. 关于我国高校办学定位的研究[J]. 江苏高教，2002（01）：62-65

是目前比较多的提法，本科院校定位于学术型和应用型的较多，职业型在高职学校定位较多。

（二）新建地方本科师范院校办学定位的确定依据

高校办学定位应遵循需求、整体优化、可行性和特色原则。[①]确定办学定位，既要考虑学校发展历史、现状等内部因素，也要考虑国家政策导向、社会需求等外部因素。新建地方本科师范院校要以为基础教育培养"四有"好老师为时代使命，紧抓长期积淀形成的"师范"办学特色，突出应用，为地方基础教育培养合格师资。其办学定位的确定要考虑以下几个方面。

1. 立足优势，传承师范办学优势和特色

高校的办学定位具有历史延续性，它的产生一定是基于一定的历史脉络和文化承传。新建地方本科师范院校在升本之前，长期在"师范"领域耕耘，积累了丰富的师范办学经验，为当时我国基础教育师资保障做出了突出贡献。这些经验是新建地方本科师范院校在新征程上谋求新发展的现实资源和宝贵财富。钟秉林曾指出："转型不是指名称或形式上的改变，也不是要丢弃教师教育的特色与优势，而是指办学理念上的综合性与转型形式的多元化。"[②]学校要充分挖掘师范办学传统，才能更加明确自身价值和未来发展目标。

2. 立足需求，面向基础教育发展和社会发展需要

高校要明确学校在国家发展中肩负的责任和应该发挥的作用，其办学定位既要考虑国家政治、经济、文化的发展态势对高校办学的新要求，也要考虑高校所在区域经济、社会、文化等区域性因素，要体现国家和社会的发展需求，与经济社会发展同频共振，立足并服务地方的发展战略。"政府、社会支持大学，大学也需要把握政府、社会对大学的根本要求。紧扣大学的基本职能，大学就会有所作为。"[③]新建地方本科师范院校要贯彻落实党的教育方针，紧密对

[①] 曹方.高校办学目标定位必须考虑的几个问题[J].高教探索，1998（01）22-25
[②] 陆道坤.教师教育发展模式的转变与师范院校的转型[J].重庆高教研究，2014（03）63-68
[③] 陈光磊.论大学办学定位的维度[J].集美大学学报，2016（05）：44-49

接国家、地区基础教育改革发展和教师队伍建设重大战略需求，发挥学校传统优势突出"师范性"，明晰学校办学定位。

3. 立足校情，依据学校现实基础量力而行

高等学校对自己进行定位时，必须以自身条件为依据，全面分析学校人、财、物等办学资源条件的配置状况，认真分析现有学科专业基础状况，扬长避短，做到"有所为有所不为"，在确定办学定位时，应该把握好"量力而行"与"尽力而 为"的"度"[①]。新建地方本科师范院校升本后，普遍存在办学经费不足、办学条件短缺、师资力量不足的现实问题，在定位上更要明晰学校当前的现实基础，包括学校所处的区域环境、师资力量、办学基础与条件、学生层次规模、学科专业状态、经费来源等情况，切实把握"学校实际掌握的资源""能够获得或争取的资源"，[②]做到心中有数、有的放矢，从而实现科学定位。

4. 立足长远，体现持续发展和战略前瞻性

任何社会组织都有发展的动机，大学在选择和确定体现其发展需要的目标时，亦即在进行纵向的水平定位时，通常会定得高一些。[③]师范院校的办学定位应关注区域社会经济发展水平和基础教育发展现状，主动服务国家战略发展，引领基础教育教师队伍建设。它是学校发展中带有战略性、综合性、前瞻性的决策，对于学校的生存和发展具有至关重要的先导性作用，需要具有长远的战略眼光，为学校发展确定一个自我超越的努力方向。新建地方本科师范院校的人才培养定位应能够体现国际中小学教师培养的新趋势，体现与本专业相关中小学学科教育发展的新动向，具有可行性和前瞻性。[④]推动学校各项事业持续长远发展。

（三）新建地方本科师范院校办学定位的实践

新建地方本科师范院校经历了"专升本""应用型转型"两次重要的转型，

① 郭秋平.大学办学定位的理性探讨[J].现代教育管理，2011（05）：50-53
② 别敦荣.大学战略规划：理论与实践[M].山东：中国海洋大学出版社，2019
③ 眭依凡.大学校长的办学定位理念与治校[J].高等教育研究，2001（04）：49-52
④ 教育部教师工作司 教育部高等教育教学评估中心.普通高等学校师范类专业认证工作指南，2018.06

尤其在应用型的转型过程中，在办学定位上多强调"地方性、应用型、师范性"的特征。"地方性"与"应用型"是基于新建地方本科师范院校主要由地方政府主管，办学经费主要来源于地方，为地方培养高级专业型人才和职业型人才，其专业设置，尤其是升本以来的新专业设置，多是服务于地方社会经济发展的战略需求；"师范性"是新建地方本科师范院校在原有的发展较好的师范专科学校和成人教育学院的基础上合并或转制而来的，具有扎实的师范办学基础和积淀，是区别于其他类型院校的优势所在。因此，众多院校的办学定位中都有"地方性""应用型""师范性"等内容的表述。如淮南师范学院在"十三五"发展规划中明确提出到2020年，要"把学校建设成为地方应用型高水平大学"；天水师范学院以"建设西部一流、国内知名、师范特色鲜明的高水平应用型大学"为办学目标；玉林师范学院是以建成"国内知名、区内领先，以教师教育为特色的高水平地方应用型大学"为目标等等。

成都师范学院办学定位的确定过程中，在深入分析学校办学优势、办学条件、发展现状的基础上，明确了发展目标和发展思路。在学校"十四五"教育事业发展规划中，明确提出：要坚持"应用型、地方性、师范性"总体办学定位，遵循"一九五五"的总体部署，即坚守一条主线（高质量发展）、完善九大体系、实施五大行动、构建五大保障；紧扣教师教育和经济社会服务"双面向"、普通师范教育和职业技术师范教育"双重点"，办学水平提升和社会服务拓展"双任务"，强化师范院校的"三个回归（师范性、专业性、职业性）"。

学校"应用型、地方性、师范性"的办学定位内涵具体是：①

"应用型"：指围绕区域经济社会发展和四川基础教育需求，建立地方政府—高校—中小学或企业"三位一体"的产教融合协同育人体制机制，突出应用，强化教育教学和实践能力培养，培养服务成都平原及农村中小学应用型人才。应用型的定位，体现了国家引导地方高校向应用型转型的政策要求，具有时代性。

---

① 陈宁.西部新建本科院校整体转型发展中办学定位的探索与实践——以成都师范学院为例[J].成都师范学院学报，2018（10）：1-10

　　"地方性"：指学校坚持人才培养服务地方、科学研究服务地方、学科专业围绕地方、文化传承引导地方。地方性的定位在于学校地处成都市，要充分依托成都作为国家中心城市的区位优势，紧密对接四川基础教育事业和经济社会发展，为四川省"三大发展战略"（多点多极支撑发展战略、"两化"互动与城乡统筹发展战略、创新驱动发展战略）和"两个跨越"（经济大省向经济强省跨越、总体小康向全面小康跨越）提供人才和智力支撑。因此，把办学定位于地方性是现实的选择。

　　"师范性"：指学校聚焦教师教育主业，以培养基础教育师资为主责，传承职后师资培养优势，注重师范生教师教育核心素养培养，构建了师德养成—师能培育—师知传承"三维一体"人才培养模式。师范性的定位在于学校一直以培养培训基础教育的教师为己任，已经形成了教师教育培养的优势和特色。因此，把办学定位于师范性是历史的必然。

二、人才培养目标及确定依据

（一）人才培养目标的含义

　　人才培养总目标是学校人才培养的总纲，是根据国家对人才培养质量的要求与标准，确定学校培养人才的类型和应达到的素质特征，由各学校根据自身情况设计。它在学校人才培养工作中居于主导地位，是高校教学质量保障系统建立的出发点和依据。

　　学界对培养目标的具体含义有多方面的研究和表述，如培养目标"是各级各类学校、各专业的具体培养要求"[1]、是"根据一定的教育目的和约束条件，对教育活动的预期结果，即学生的预期发展状态所做的规定"[2]、是"基于办学层次、办学类型、办学水平等现实条件与价值判断对人才培养想要达到的标准

---

① 顾明远.教育大辞典：第 1 卷 [M].上海：上海教育出版社，1990.
② 文辅相.中国高等教育目标论 [M].武汉：华中理工大学出版社，1995

与努力方向所做的一种预期，本质上属于一种预设"等等，[①]以上代表性的概念中包含着以下几方面的含义：

1. 培养目标是教育目的的具体化。《教育大辞典》中明确提出，教育目的是培养人的总目标，规定着把受教育者培养成为什么样人的根本性质问题，是教育实践活动的出发点。关于我国高等教育的教育目的，《中华人民共和国高等教育法》第四条规定"高等教育必须贯彻国家的教育方针，为社会主义现代化建设服务、为人民服务，与生产劳动和社会实践相结合，使受教育者成为德、智、体、美等方面全面发展的社会主义建设者和接班人"，第五条又进一步界定为"培养具有社会责任感、创新精神和实践能力的高级专门人才"。[②]

2. 培养目标是对教育活动的预期要求，是对学生适应未来岗位需要的知识、能力、素质等方面应该达到的基本规格和质量标准的一种预设。培养目标的制定不能违背国家教育方针政策，要遵循教育规律，满足社会、学生等利益方的需要。

3. 培养目标以社会需求为目标，以把受教育者培养成适应一定时期社会的生产力、生产关系的需要为根本出发点。[③]

4. 培养目标是一个历史的范畴，不同的历史时期、不同的社会制度对人才要求是不同的。[④]

（二）新建地方本科师范院校人才培养目标确立的依据

不同时期、不同规模、不同类型和层次的高校，其培养目标有所不同。新建地方本科师范院校人才培养目标应贯彻党的教育方针，立足国家、地区基础教育改革发展和教师队伍建设重大战略需求，落实国家教师教育相关政策要求，符合学校办学定位。其确立依据主要包括以下几个方面：

---

① 蔡忠斌. 高校人才培养目标的生成机理和实现路径[J]. 中国大学教学，2017（10）：46-49

② 中华人民共和国高等教育法. 中国人大网. http：//www. npc. gov. cn/npc/c30834/201901/9df07167324 c4a34bf6c44700fafa753. shtml

③ 钟凰元. 审核评估视角下高校人才培养的目标定位[J]. 陕西学前师范学院学报，2016（08）：43-46

④ 李卓宝，王孙禺. 我国高校人才培养目标的若干特色[J]. 清华大学教育研究，1997（03）：22-25

1. 贯彻党的教育方针，牢牢把握办学政治方向

党的教育方针是党在一定历史阶段的理论路线方针政策在教育领域的集中体现，在教育发展中具有根本性地位，是教育工作的根本遵循。[1]其基本内容主要包括教育的性质、地位、目的和基本途径等。新中国成立70多年来，党的教育方针适应时代要求，经历了不断发展、不断调整和完善的历史过程，体现了社会主义教育的性质、方向、目标，反映了不同历史时期我国经济社会发展对教育提出的基本要求。[2]

2019年3月18日，习近平总书记在学校思想政治理论课教师座谈会上的重要讲话，对新时代党的教育方针提出了具体要求。第一，教育的性质、目标、任务和实现路径要紧紧围绕"培养什么人、怎样培养人、为谁培养人"这一根本问题；第二，坚持马克思主义指导地位，贯彻习近平新时代中国特色社会主义思想，坚持社会主义办学方向，落实立德树人的根本任务是教育发展的根本方向；第三，教育的根本宗旨是坚持教育为人民服务、为中国共产党治国理政服务、为巩固和发展中国特色社会主义制度服务、为改革开放和社会主义现代化建设服务；第四，教育的实现路径是要扎根中国大地办教育，同生产劳动和社会实践相结合；第五，教育的根本目标是加快推进教育现代化、建设教育强国、办好人民满意的教育，努力培养担当民族复兴大任的时代新人，培养德智体美劳全面发展的社会主义建设者和接班人。[3]

新时代党的教育方针是党不断适应时代要求，根据时代特点，总结教育规律，把握社会发展和人的发展要求而提出的教育事业行动指南，因此，这是新建地方本科师范院校人才培养必须坚决贯彻和牢牢把握的政治方向。

2. 落实国家教师教育政策，服务国家高质量发展战略需求

教师是人才培养的关键条件。新中国成立以来，为切实提高教师培养的质

---

[1] 瞿振元.新时代党的教育方针的内涵与实施[N].光明日报，2022-04-12，第15版
[2] 新时代教育工作的根本方针. 中华人民共和国教育部政府门户网站. http://www.moe.gov.cn/jyb_xwfb/moe_2082/zl_2019n/2019_zl69/201909/t20190916_399243.html
[3] 新时代教育工作的根本方针. 中华人民共和国教育部政府门户网站. http://www.moe.gov.cn/jyb_xwfb/moe_2082/zl_2019n/2019_zl69/201909/t20190916_399243.html

量，党和国家制定了一系列促进教师教育事业发展的方针、政策，明确了师范教育的地位、作用、发展方向和任务。1992年颁布的《〈中华人民共和国义务教育法〉实施细则》第三十三条规定："各地教育主管部门应当加强实施义务教育学校的教师培训工作，使教师的思想政治素质和业务水平达到义务教育法规定的要求"；1993年的《中华人民共和国教师法》第十九条规定："各级人民政府教育行政部门、学校主管部门和学校应当制定教育培训规划，对教师进行多种形式的思想政治、业务培训"；围绕教师培养培训工作出台的包括《国务院关于基础教育改革与发展的决定》《关于推进教育信息化建设的意见》《中小学教师职业道德规范》《中小学教师教育技术能力标准（试行）》《教师教育课程标准（试行）》等在内的一系列政策、法规与标准，都对教师思想政治、师德、业务素质能力的培养等提出了具体要求。2014年教师节前夕，习近平总书记在北京师范大学考察，与师生代表座谈时对"好老师"提出了"四有"的时代要求，即要有理想信念，有道德情操，有扎实学识，有仁爱之心。作为新建地方本科师范院校要以培养"四有好老师"为时代使命，坚持立德树人根本任务，服务国家重大战略需求，努力为地方基础教育培养高质量的师资。

3. 落实学校办学定位要求，满足基础教育发展需求

学校办学定位是学校发展的顶层设计，已经从宏观层面上对学校要培养什么样的人才以及什么范围的人才等有了具体的规定，明晰了人才培养的规格、层次、特色、服务面向等内容，培养目标是考虑培养什么样的人才的问题，是对办学定位的具体化。因此，新建地方本科师范院校要落实学校办学定位要求，按照国家政策要求和教师培养标准，遵循高等师范教育规律和学生成长成才要求，立足区域实际，紧密对标地方基础教育发展需求，准确把握人才培养规格要求，科学合理制定学校培养目标。

（三）成都师范学院的培养目标定位

成都师范学院顺应新时代高等教育发展趋势，跟踪四川经济社会发展轨迹，植根学校深厚的教师教育历史，确定了"应用型、地方性、师范性"的办学定位。学校在"十三五"时期，培养目标定位上提出要"面向四川尤其是成都平原经济区基础教育和经济社会发展需要，为学前教育和义务教育阶段培养素质全面、业务见长的本科层次教师及其他各类高素质应用型人才"。学校紧密结合自身办学优势和办学条件，明确了办学范围是为"学前教育和义务教育阶段"培养师资，服务面向定位于"四川尤其是成都平原经济区"，培养层次为"本科层次教育"，培养结果是"素质全面、业务见长的高素质应用型人才"。

新时代，成都师范学院紧密对标国家政策要求，根据社会发展需要，积极调整发展战略，在"十四五"教育事业发展规划中，明确提出要坚持"应用型、地方性、师范性"总体办学定位，紧密对接国家大力发展职业教育对师资的强劲需求，改造非师范专业，推动职教师资培养，打造学校新的战略增长点，形成学校事业发展新优势。主动融入建立高水平教师教育体系的国家需求，聚焦师范院校的特色优势和责任使命，着力"四新"拔尖人才培养。瞄准成渝地区双城经济圈建设、成德眉资同城化发展等重大机遇，立足地方，深化同政府、学校、行业企业间的合作，培养高素质应用型人才。

三、专业培养目标及确定依据

专业培养目标是学校人才培养总体目标的具体化。它总体说明了专业培养人才的规格和要求，反映了专业对人才培养结果的系统思考和深入认识，它是专业建设的灵魂和核心，是专业人才培养的依据，它决定了高校如何构建专业知识结构、如何设置课程体系及如何开展教学活动等。专业培养目标的制定，既要体现人才培养的各个环节，又要清楚地表达学生在知识、技能、情意或素养等方面所能达到的目标（毕业要求），还要能反映学生步入社会后，在未来一段时间内取得的预期发展。

根据师范专业认证的要求，新建地方本科师范院校专业培养目标要回答以下的基本问题：专业要培养什么样的中小学教师，在师德、教学、育人及专业发展等方面，分别应具有怎样的知识、能力结构，综合素养特点是什么；经过专业培养能够达到什么水平，预计毕业后5～10年，在社会和基础教育领域能够具有怎样的发展前景等。专业培养目标在实施过程中，要定期对其合理性进行评价，并能够根据评价结果进行必要的修订。

专业培养目标确定的依据包括国家政策、社会需求、专业未来发展趋势和就业等情况。专业培养目标是学校办学定位、培养目标的下位概念，因此其确定的依据在国家政策和社会需求方面是一脉相承的。除此之外，专业在培养目标的确定中要结合基础教育需求和社会经济发展需要，对专业未来的发展趋势进行判断和分析，同时要通过对用人单位以及毕业生的需求调研，反映毕业生毕业后5～10年的发展情况。学生就业从一个侧面反映了人才供需适配情况，也反映了专业培养目标的定位和内涵是否合理的问题，因此在专业培养目标制定中需要予以考虑。

四、课程目标及确定依据

中国高等教育研究奠基人潘懋元先生认为："课程居于教育事业的核心，是教育的心脏。"[1]课程是人才培养的基本载体，是专业建设的核心要素，人才培养目标的实现有赖于课程目标，课程目标对毕业要求具有重要的支撑作用。提高教育质量关键是要提高课程教学质量，达成课程目标。人才培养目标是否有效达成，归根结底是支撑毕业要求的课程体系是否科学合理，课程目标是否明确合理。

课程目标制定的根本依据是毕业要求，毕业要求是培养目标的具体化，体现着国家对专业人才培养"产出"的质量要求。新建地方本科师范院校要紧密对标师范专业认证要求，根据基础教育需求和国家教育教师专业的标准，明确师范专业的培养目标，并据此明晰专业的毕业要求。毕业要求能够有效支撑培养目标。专业制定的毕业要求应涵盖"一践行三学会"的基本要求，即践行师德、学会教学、学会育人、学会发展。践行师德包含师德规范和教育情怀两方面内容；学会教学包括学科素养和教学能力要求；学会育人包括班级指导和综

---

[1] 潘懋元，王伟廉.高等教育学[M].福州：福建教育出版社，1995：128

合育人内容；学会发展包括学会反思与沟通合作。

第二节　人才培养质量保障体系的标准系统

高等教育质量标准在保障与提高高等教育质量的实践中具有导向、诊断、基准的作用。英国高等教育质量专家戈林（Diana Green）认为，"高等教育质量保证是指特定的组织为向学生和社会保证高等教育的质量，根据一定的质量标准体系，按照一定的程序，对高校的教育质量进行控制、审核和评估"①。党的十九大报告提出"建设教育强国是中华民族伟大复兴的基础工程"，强调了教育在国家建设发展中的重要地位，而教育标准建设是提高教育质量的基础工程。据此理解，高校对教学质量的保证，首要任务是建立质量标准体系。质量标准的制定和执行是质量评价的出发点和关键。《国家中长期教育改革和发展规划纲要（2010—2020）》中强调要"制定教育质量国家标准，建立教育质量保障体系"。2012年教育部出台的《关于全面提高高等教育质量的若干意见》（教高〔2012〕4号）中，明确提出"完善人才培养质量标准体系。全面实施素质教育，把促进人的全面发展和适应社会需要作为衡量人才培养水平的根本标准。建立健全符合国情的人才培养质量标准体系"。文件还提出"要会同相关部门、科研院所、行业企业，制订实施本科和高职高专专业类教学质量国家标准""鼓励行业部门依据国家标准制订相关专业人才培养评价标准"。因此，建立健全质量标准是质量保障工作的重要任务和内容，它对提高人才培养质量、推动高校内涵发展具有重要意义和价值。

一、质量标准的内涵

高等教育质量是一个多维的、不断变化的概念，衡量不同高校的教育质量

---

① 顾永安.试论应用型本科院校教学质量标准制定的依据与要求[J].中国大学教学，2010（06）：12-16

必须根据高等学校的科学分类，建立多样化的质量标准。①高等教育活动包括人才培养、科学研究、社会服务和文化传承与创新等四个方面，由于高等学校的基本职能是人才培养，因此，一般提及高等教育的质量标准通常指人才培养质量的标准。关于教育质量标准的概念界定，从目前的研究成果来看，多是从"质量"概念出发进行概括和定义，如潘懋元认为高等教育质量标准包括两个层次："一个是一般的基本质量要求，指的是一切高等教育都要依据我国教育目的和高等教育一般培养目标，培养德、智、体、美全面发展，人文素质和科学素质结合，具有创新精神和实践能力的专门人才；另一个是具体的人才合格标准，指依据各级各类高等教育的具体培养目标所规定的质量要求"②；中国教科院教育质量标准研究课题组在其研究中认为"教育质量标准是一定时期内为实现既定教育目标而制定的教育质量规范"③；张男星提出"衡量高等教育质量的标准有狭义和广义之分，狭义的高等教育质量标准仅指最终产品的质量标准，即学生的质量和规格；广义的教育质量标准是教育制度、教育体系、教育过程、教育结果等多方面内容的水平程度"④；顾永安认为："高等教育质量标准是指用来衡量高等教育质量好坏以及满足个人、群众和社会需求程度的相关准则"⑤。以上观点包含着质量标准是一种"质量要求""规范""规格或程度"或"准则"等，不同利益相关者对教育质量有不同的期许，对质量标准的具体内涵理解和解释也会有不同。

以上概念内涵充分说明了，高等教育质量标准是判断高等教育质量的基本依据与参照，是对高等教育某些领域或整体进行价值判断的基准线，⑥作为衡量高等教育质量的尺度，是高等教育质量优劣诊断的依据，同时还具有指导的功

① 周泉兴. 高等教育质量标准、特征、价值取向及结构体系[J]. 江苏高教，2004（3）：8-10

② 潘懋元. 高等教育大众化的教育质量观[J]. 中国高教研究，2000（01）：7-9

③ 中国教科院教育质量标准研究课题组. 教育质量国家标准及其制定[J]. 教育研究，2013（06）：4-16

④ 王春春（整理）. 高等教育质量标准与评价[J]. 大学（学术版），2010（05）：12-23

⑤ 顾永安. 试论应用型本科院校教学质量标准制定的依据与要求[J]. 中国大学教学，2010（06）：12-16

⑥ 闫飞龙. 高等教育评价标准的本质问题与多元化[J]. 清华大学教育研究，2011（05）：62-63.

能和规范的功能，对高等教育质量建设的方向和目标具有引导作用。因此，高等教育质量标准建设是高等院校质量保障建设的重要内容。

二、质量标准不同维度的划分

教育活动涉及的每一个环节都有质量要求，同时，不同层级、不同类型和不同性质的高等学校具有不同的培养目标、规格和任务，相应地也就有不同的质量标准，因此，质量标准是一个多维、复杂的概念。学界从不同的维度对质量标准的内容进行了大量有价值的探讨。

孟凡芹认为，按标准属性的级别划分，高等教育人才培养质量标准有国际标准、区域标准、国家标准、地区标准、学校标准等。国家标准是政府部门针对高等教育人才培养活动的水平和效果所做的统一规定，是衡量各级各类高等教育机构人才培养质量的准则和依据。国家标准对国内的地区标准和学校标准起着主导和规范作用，它是各级各类高校人才培养质量必须达到的最低要求，体现了国家的意志和要求。[①]

张男星认为高等教育质量标准有两种类型：一类是评价性的标准。一般用可操作、可采集的指标及数量化的指标来表达，包括条件性标准、过程性标准和结果性标准，既涉及对教育最终结果的好坏优劣评价，也包括对教育条件、过程等方面的评价。另一类是培养性的标准。是对高等教育的人才培养在专业目标、内容、教学过程、师资等方面的质量要求提出描述性的规定。[②]

张竺鹏认为高等教育质量标准由五个维度构成：一是办学标准，主要指师资、经费、设施设备等办学条件标准；二是教学标准，包括专业课程设置、教材建设、人才培养模式、学生就业状况、社会实践等方面的标准；三是科研标准，包括课题立项、研究成果、科技人力资源状况、科研与教学结合情况、学生参与科研情况等方面的标准；四是学校管理标准，包括办学目标与定位、管理机制与制度建设、学生参与民主管理、校园文化等标准；五是社会评价，包

① 孟凡芹. 高等教育人才培养质量标准体系[M]. 北京：科学出版社，2019：86-87

② 王春春（整理）. 高等教育质量标准与评价[J]. 大学（学术版），2010（05）：12-23

括招生、毕业、就业、社会服务等。[①]

中国教科院教育质量标准研究课题组认为，从标准的核心组成以及目前国际基本共识来看，教育质量标准包括内容标准、评价标准和保障标准。内容标准也称学术内容标准，是对学生应掌握的知识和技能的总体描述；评价标准又称绩效标准，是对学生知识和技能的掌握程度的评估标准；保障标准指学习机会标准，是为保证学生达到内容标准和绩效标准要求，对教育者提供给受教育者的教育经验、资源性质和质量的规定，包括教师标准、办学条件标准、经费投入标准和管理质量标准等。从管理层级上，教育质量标准包括国际或区域教育质量标准、国家教育质量标准、省或州级教育质量标准、地方教育质量标准和学校教育质量标准。从效力来看，包括强制性教育质量标准和推荐性教育质量标准。从教育层级来看，包括学前教育、基础教育和高等教育等层级的质量标准。从教育过程来看，包括教育投入、教育过程和教育产出等环节的质量标准；从教育要素来看，包括教师、学生、学校、课程、教学设施等关键要素的质量标准。[②]

柏昌利、周燕来认为高等教育质量标准体系包括：学校类型质量标准体系、培养层次质量标准体系、学科类型质量标准体系、教育职能质量标准体系、人才规格质量标准体系。[③]

杨桂华认为大众化教育阶段人才培养质量标准包括学术标准和社会标准两个维度。学术标准是指大学作为知识生产单位，担负着为社会提供精神产品的重任；社会标准是指大学根据政治、经济、文化等的发展需要，向社会提供知识产品和具有知识能力的劳动者。[④]

蔡青对大众化背景下地方教学型高校的教学质量标准的研究，提出了教学型高校教学质量标准的16个维度，即：人才培养方案；专业建设；教学（含实

① 王春春（整理）.高等教育质量标准与评价[J].大学（学术版），2010（05）：12-23
② 中国教科院教育质量标准研究课题组.教育质量国家标准及其制定[J].教育研究，2013（06）：4-16
③ 柏昌利，周燕来.大众化背景下高等教育质量标准体系[J].长安大学学报（社会科学版），2010（01）：107-110
④ 杨桂华.大学教育质量的学术标准和社会标准[J].中国大学教学，2008（01）：17-19

验）大纲；教师资质；课堂教学；实验教学及实验室工作；实习教学；考试考核；试卷分析；成绩管理；学籍管理；毕业设计（论文）；教学运行管理；教学效果；教学信息的收集、整理和分析反馈，教学档案管理。[①]

谢延龙根据教育质量形成过程将人才培养质量标准分为三个维度：目的预设标准、活动预设标准和结果判断标准。[②]

田健则根据人才培养模式的内涵与特征，从条件、目标、评价、过程及制度等维度对人才培养质量标准进行了分类。[③]

三、国家层面高等教育人才培养质量标准体系

构建国家层面的高等教育质量标准体系，是世界高等教育发达国家的通行做法。[④]伴随着我国高等教育由精英化向大众化再到普及化的发展，人们对高等教育质量的期待也发生了巨大的变化，在不同的时期有了不同的要求，因而也就形成了不同的质量标准。学界从不同的角度提出了构建我国高等教育质量标准体系的主张。如李志义在借鉴国外高等教育质量标准体系经验的基础上，提出了从"学业质量标准、质量保障标准、质量信息标准"三个方面构建我国高等教育质量标准体系；[⑤]还有学者提出从教育条件、教育过程、教育结果、学校发展和教师专业能力发展五个方面构建国家高等教育人才培养质量的标准体系框架。[⑥]

在不同的历史时期，根据高等教育发展规律及社会发展需求，在国家出台的高等教育相关政策中，对高等教育质量标准进行了预设和要求。如1980年的《中华人民共和国学位条例》规定在高等教育中设学士、硕士和博士三级学位，并对每一个层次的学位授予制定了国家最低标准。1998年颁布的《中华人民共

① 蔡青. 大众化背景下地方教学型高校教学质量标准的构建[J]. 当代教育论坛，2007（11）：61-62
② 谢延龙. 教育质量标准的三维分类研究[J]. 国家教育行政学院学报，2009（11）：19-23
③ 田健. 从人才培养模式的视野分析高等教育质量标准建设[J]. 山东社会科学，2011（S2）：227-228
④ 李志义. 重构我国高等教育质量标准体系[J]. 中国大学教学，2013（01）：4-8
⑤ 李志义. 重构我国高等教育质量标准体系[J]. 中国大学教学，2013（01）：4-8
⑥ 孟凡芹. 高等教育人才培养质量标准体系[M]. 北京：科学出版社，2019：15

和国高等教育法》制定了国家层面的高等教育质量标准，包括一般质量标准、学业标准、学位标准、教师标准和质量保证标准五个方面内容。2010年教育部出台的《国家中长期教育改革和发展规划纲要（2010—2020年）》中明确提出"要着力提高学生的学习能力、实践能力、创新能力"。2013年中国国务院学位委员会第六届学科评议组制定的一级学科人才培养的国家质量标准被称为中国第一套高等教育人才培养质量标准。2018年教育部出台的《普通高等学校本科专业类教学质量国家标准》（上、下册），对普通高等学校本科专业目录中全部92个本科专业类、587个专业，从培养目标、培养规格、课程体系、师资队伍、教学条件、质量管理六个维度提出了质量标准。这是我们国家首个高等教育教学质量的国家标准。该标准强调"三个突出"：一是突出学生中心。推动本科教学从"教得好"向"学得好"转变，重视培养学生的学习兴趣，激发潜能，深化教学改革、注重实践能力培养。二是突出产出导向。强调要紧密对接社会和学生发展需求，确定人才培养目标，优化人才培养方案，更新教学内容，切实提高人才培养的效果。三是突出持续改进。强调教学工作要建立学校质量保障体系，要把常态监测和定期评估有机结合起来，科学诊断评估、持续改进，推动人才培养质量不断提升。[①]

四、高校层面制定质量标准的依据

国家层面的高等教育质量标准一般以法规或政策性文件予以下发，各高等院校主要是落实和执行其要求。高校在质量保障建设工作中，主要制定学校层面的内部质量标准。制定质量标准首先"要解决的问题是'依据什么制定质量标准'问题，这是制定质量标准的顶层设计问题，也是构建质量标准体系的上位问题"[②]。根据质量标准的内涵和功能，质量标准制定的依据主要包括高等教育质量观、国家政策法规、国家层面标准、社会和学生发展需求、学校办学定

---

① 教育部介绍《普通高等学校本科专业类教学质量国家标准》有关情况.新闻发布_中国政府网. http：//www. gov. cn/xinwen/2018-01/30/content_5262462. htm#1

② 顾永安.试论应用型本科院校教学质量标准制定的依据与要求[J].中国大学教学，2010（06）：12-16

位和人才培养目标。

（一）高等教育质量观

高等教育质量观是国家、用人单位、学生和学校自身等利益相关者对高校人才培养质量的价值取向和期望，体现了人才培养的质量要求，质量观决定质量标准，它是质量标准制定的理论依据。在高等教育由精英教育向大众化教育再到普及化教育的不同的发展阶段，伴随着产业结构转型升级、社会经济的快速发展，社会各行业的人才需求呈现多元化，从而促进了高等教育系统多元化和高等学校内部多样化的发展，因此，不同类型、不同层次的高校适用不同的质量标准，正如首届世界高等教育会议通过的《21世纪高等教育展望和行动宣言》中指出的"高等教育的质量是一个多层面的概念"，要"考虑多样性和避免用一个统一的尺度来衡量高等教育质量"。同时，高等教育质量是"发展性质量"，高等教育质量标准随着时代和现实情景的变化而变化，不存在一个既定的、永恒的质量标准。[①]

（二）国家政策法规

高等学校教学质量标准建设应以国家高等教育法律法规和政策为依据，遵循国家高等教育的有关标准和要求，坚持立德树人，围绕"培养什么人、如何培养人、为谁培养人"这个根本问题，建立符合国家意志和国情的人才培养质量标准体系。高校在制定人才培养质量标准时应依据的相关政策法规文件主要包括《中华人民共和国高等教育法》《中华人民共和国学位条例》、党和国家的教育方针政策、教育部颁布的包括《国家中长期教育改革和发展规划纲要（2010—2020年）》、各类评估方案等在内的各类本科教学工作指导性文件等。这些政策法规及指导性文件从国家需求、社会需求、学生发展需求等角度明确了我国高等教育人才培养的具体规格和要求。

---

① 顾永安. 试论应用型本科院校教学质量标准制定的依据与要求[J]. 中国大学教学，2010（06）：12-16

（三）国家层面出台的质量相关标准

按照我国高等教育发展总体要求，高等院校人才培养质量标准的建设应充分理解、贯彻和落实好国家层面发布的高等教育相关质量标准，包括普通高等学校本科专业类教学质量国家标准、合格评估与审核评估标准、专业认证标准以及有关行业标准。《普通高等学校本科专业类教学质量标准》既对各专业类建设提出了统一要求，明确了底线和基本质量要求，又对提升质量提出前瞻性要求，又为专业人才培养的特色留有足够的拓展空间，同时对各专业类标准提出定性方向和可量化指标，做到可比较、可核查。本科教学合格评估方案、审核评估方案、专业认证办法等是目前我国高等院校外部质量保障的主要办法，其指标体系为高校质量保障建设，开展教学质量评估和监控工作提供了重要依据和方向。师范院校需要遵循的行业标准是《教师教育课程标准（试行）》。

（四）社会和学生发展需求

适应与服务社会需要是衡量人才培养水平的根本标准，在质量标准制定过程中，要根据行业、岗位能力和素质要求来设定标准。人才培养是高等教育的基本职能和使命任务，也是高等教育质量的核心。无论是学生个体的发展质量，还是教育服务经济社会的水平，都是以学生个体在教育活动中形成的身心素质为基础的。[①]高等教育的质量标准在于衡量人才培养的水平，核心指标是学生的核心素养和全面发展状况。所以，高等教育质量标准的建立应该紧紧围绕学生核心素养的培养，系统整合影响学生核心素养实现的关键环节和因素。[②]这既是研究和制定教育质量标准的出发点，也是归宿点。

[①] 马晓强. 政策视野中的教育质量标准[J]. 中国教育政策评论，2010（01）：65-73.

[②] 国兆亮. 建立高等教育质量国家标准的思考——来自俄罗斯的经验和启示[J]. 现代教育管理，2016（04）：76.

（五）高校办学定位和人才培养目标

高等学校的办学定位明确了学校办学的类型、发展目标、服务面向、培养目标等基本内容，人才培养目标则规定了质量方面的关注点，因此，高等学校人才培养质量标准的制定必须遵循国家教育方针，体现学校办学定位和人才培养目标的要求，诊断、评价质量的标准要与人才培养目标的要求相匹配。

五、新建地方本科师范院校质量标准体系

高等教育质量标准体系是高等教育质量标准管理系统化和整体化的标志。综合学界对质量标准内容体系的主要观点，根据新建地方本科师范院校的办学实际，结合师范专业认证标准的要求，落实"学生中心、产出导向、持续改进"的理念，遵循"全员参与、全过程、全要素"保障的思路，从人才培养质量生成过程出发，质量标准可以从五个维度来考虑，即：培养目标、专业建设、培养过程、保障条件、培养结果五个方面，构建新建地方本科师范院校质量标准体系（见表4-1）。

表4-1　新建地方本科师范院校人才培养质量标准体系

维度	标准点	具体指标点
培养目标	师范毕业生在知识、能力、素质方面的要求	办学定位和培养目标的合理性及确定依据，人才培养在知识、能力、素质维度的具体要求
专业建设	人才培养方案	培养方案的科学性、合理性与制定依据
	课程体系及课程建设	课程体系合理性及确定依据（包括对毕业要求和专业培养目标的支撑情况），课程建设与规划合理性、科学性，课程设置合理性及确定依据（包括对课程体系及毕业要求的支撑情况）
	课程教学大纲	课程目标对毕业要求的支撑合理性评价，课程内容与课程目标的适应性评价，课程考核方式合理性评价等
	教育实习（见习）基地建设	实习（见习）基地基本条件、实习（见习）内容合理性、实习（见习）指导队伍匹配性、实习（见习）考核评价等

维度	标准点	具体指标点
培养过程	课堂教学	包括理论课程课堂教学质量标准、设计类课程教学质量标准（包括教学内容、教学方法、课程考核等方面的具体要求）
	实践教学	包括实验室工作规程，综合性、设计性实验（实训）质量标准及考核标准、教育实习（见习）工作及考核质量标准、毕业论文（设计）工作质量标准
	第二课堂	第二课堂育人体系建设及社会实践质量标准（包括内容、实施、条件保障及效果要求）
	学生指导与服务	学生指导与服务质量标准（包括内容、组织、条件保障及效果要求）
保障条件	制度保障	包括议事决策制度、人事管理制度、教学管理制度、科研管理制度、学生管理制度等完备性与科学性
	条件保障	包括师资条件、教学设施、教学场所、实验实习实训条件、基础设施等是否达到国家规定的师范类本科办学条件标准。
	经费保障	办学经费投入与保障机制
培养结果	学习效果	学生学业成绩及学习成果要求
	就业与学生发展	学生就业质量及用人单位满意度

1. 培养目标方面的质量标准

培养目标规定了人才培养的方向和规格要求，是整个人才培养活动的出发点和归宿，该环节质量标准处于顶层设计的地位，因此，人才培养质量的标准体系建设首先要围绕培养的人才在知识、能力和素养方面的要求，源头上保证其科学性和合理性，即在学校办学定位、培养目标的确定上要有制定的依据，体现科学性和合理性。建立为区域经济和社会发展服务的人才培养目标。"知识"方面的标准包括对学科专业基础知识、教育教学知识以及相关学科知识的理解、掌握和运用等基本要求；"能力"方面包括认知能力、教育教学能力、表达能力、创新能力、分析和解决问题能力等方面应达到的基本要求；"素质"方面包括政治素养、教师职业道德、社会公德、身体健康和心理健康等方面的基本要求。

2. 专业建设方面的质量标准

依据《普通高等学校本科专业类教学质量国家标准》《教师教育课程标准》、师范专业认证标准等国家层面对师范专业建设的基本要求以及基础教育需求，结合学校实际制定师范专业建设质量标准。具体包括人才培养方案、课程体系与课程建设、课程教学大纲、教育实习（见习）基地建设等指标点。人才培养方案是学校全面贯彻国家教育方针、实施人才培养活动、保证人才培养质量和规格的根本文件，是进行培养过程设计、制订培养计划、配置课程以及组织、管理、开展教学活动的依据，主要包括培养目标、学制或学分、毕业要求、课程体系、课程计划、核心课程、实践环节安排、毕业条件、学位授予等基本要素。培养方案应符合专业培养目标要求，满足学生知识、能力与素质等协调发展的要求。课程体系支撑着培养目标和毕业要求，需要对其设置的合理性及其确定依据进行评价。课程建设是实现人才培养目标的抓手，需要评价课程建设与规划合理性、科学性。课程教学大纲是课程实施的基本依据，包含课程目标及其对毕业要求的支撑情况、课程内容、教学方法、课程考核内容与方式和成绩评定等要素，需要制定大纲的科学性和合理性审核的标准。教育实习（见习）基地是师范生培养的重要场所和条件支撑，包括实习基地条件、实习（见习）内容、实习（见习）指导、考核等基本要素，要根据师范生培养要求，制定相关质量标准。

3. 培养过程方面的质量标准

培养过程质量标准主要对培养过程主要环节，即教学过程和学生学习过程提出规范性要求，具体包括课堂教学、实践教学、第二课堂、学生指导与服务等环节的具体标准。课程是人才培养活动的主要载体，人才培养的过程是实施课程的过程，因此，与课程相关的各环节均有质量的标准和要求。课堂教学环节和实践教学环节是人才培养的主要环节，各环节的质量情况一定程度上决定了人才培养质量的结果，对这些教学环节都应制定出相应的质量标准，具体包括理论课课堂教学、设计类课程教学、实验（实训）、教育实习（见习）、毕业论文（设计）等主要环节的质量标准。第二课堂包括社会实践活动是人才培养主课堂的有益补充，其育人体系建设及社会实践在具体内容、实施、条件保障及效果等方面都有质量的要求。学生指导与服务是人才培养过程中十分重要的内容，其具体内容、组织、条件保障及效果也有具体的质量要求。

4. 保障条件方面的质量标准

保障条件为高校人才培养活动提供了必要支撑，其标准指教学活动的开展必须达到的标准，包括制度保障、条件保障、经费保障。制度保障涉及决策制度、人事制度、教学管理制度、科研制度、学生管理制度等方面的完备性和支撑性。条件保障包括师资队伍、教学设施、场所、实验实习实训条件、图书、基础设施等是否达到国家规定的师范类本科办学条件标准，对师范专业而言，师范专业一级认证在以上各指标都有明确的标准要求。经费保障包括办学经费的投入、分配、使用等方面的要求和保障机制的建立情况。

5. 培养结果方面的质量标准

培养结果质量标准，主要围绕人才培养目标，从知识、能力、素质等方面制定可观测和评估的标准，考查学生学习的效果。可以从学习效果、就业与学生发展两个方面来衡量，从学生学业成绩、就业率与就业质量、用人单位满意度等方面来考察。

第五章
新建地方本科师范院校
人才培养质量保障指挥与支撑系统

质量保障体系的有效运行是"目标—设计—计划—实施"各环节运行机构有机协同的结果，即决策与组织、制度与资源两个子系统"保驾护航"的结果，按照培养目标要求，这两个子系统主要提供领导决策指挥、组织保障、制度领航、教师及教学资源的有效支撑。

第一节　人才培养质量保障体系的决策与组织系统

一、质量保障决策系统

高等学校任何一项工作和活动都要预先明确此工作和活动要解决什么问题，达成什么目标。质量保障体系"为何保障""保障什么""如何保障"等问题是新建地方本科师范院校质量管理过程中必须明晰的问题，其保障目标、保障过程、保障效果等内容需要学校和学院层面从顶层进行决策和决断。决策是做出决定或选择，从管理学的角度一般指通过分析、比较，在若干备选方案中选定最优方案的过程。它是人们对未来目标以及达成目标的方法、途径所作的决定。[1]决策既是一个认知过程，也是一个行动过程，其本质上是利益的平衡与

---

[1] 刘献君.高等学校决策的特点、问题与改进[J].高等教育研究，2014（06）：17-24

资源的分配。[①]高校教育决策是一个提出问题，并分析解决问题的系统判断过程，需要从学校层面全盘统筹做出决策。高校的决策机构一般集中在校级层面，主要包括学校党委和行政班子以及代表学校行使管理权的职能部门构成。院（系）层面在学院层面的问题上也有一定范围的决策权，但总体上要受学校决策权的制约。[②]

（一）质量保障决策系统构成

新建地方本科师范院校质量保障决策体系一般由学校党委常委和行政班子、党委常委会、校长办公会、本科教学指导委员会、学校学术委员会等组成。决策体系主要任务是确定学校整体的发展规划与目标、组织制定学校各项规章制度、建立人才培养运行机制，制定人、财、物投入的政策措施和质量标准政策、指挥与协调有关部门根据社会发展的需求变化对培养目标和人才培养活动过程与效果进行监测评估、对人才培养过程中产生的重大问题进行审议和决策等，确保人才培养的质量达到预期的目标。

党委常委、校行政班子要明确学校定位及办学思路，树立本科教学的中心地位，保证人、财、物的投入，组织搭建学校的组织机构，组织制定人才培养质量保障的相关政策和制度，对影响人才培养质量相关的重大事项和问题进行宏观调控。

党委常委会和校长办公会主要对学校工作重大事项和重要的教学文件进行审议并决策。

本科教学指导委员会是对学校本科教学工作行使指导、参谋、监督与咨询等职能的专家组织，属于学校教学质量管理的指导机构，其主要职责是对学校本科教学重大问题进行学术和政策研究，提出指导、咨询和审议意见，并参与教学管理的决策等。具体包括对学校的教学管理、专业建设、教学改革、人才培养活动与质量等重大问题进行评估和研判，提出咨询意见，供领导决策参

---

① 李建军.试论高校内部决策系统及其优化[J].高等教育研究，2009（08）：62-65
② 刘义.试论高校决策系统的构建[J].当代教育论坛，2010（03）：64-66

考；对本科专业设置与培养方案、教学计划的修订和课程体系结构的优化、教学质量管理制度与标准的制定与修订等进行审议和咨询；对学校的教学条件、教学状态和教学效果进行评估与督导等。

学校学术委员会是对学校科学研究的学术问题进行评议、决策的机构。2014年教育部发布的《高等学校学术委员会规程》，明确要求将学术委员会作为校内最高学术机构，统筹行使与学术有关的职权。根据《中华人民共和国高等教育法》第四十二条的要求，高等学校要设立学术委员会，履行下列职责：审议学科建设、专业设置，教学、科学研究计划方案；评定教学、科学研究成果；调查、处理学术纠纷；调查、认定学术不端行为；按照章程审议、决定有关学术发展、学术评价、学术规范的其他事项。[①]

（二）质量保障决策内容

对于高等学校，教育决策的内容十分广泛，决策需要解决的问题也是多种多样。质量保障决策的主要内容包括如下几方面：

1.战略规划决策，如办学定位、学校发展目标、发展规划、组织管理体制等宏观决策。

2.学校基本建设方面决策，包括学校内部治理制度建设、学科与专业建设、课程建设、教学运行与管理建设、师资队伍建设、科研团队建设、办学基本条件建设等内容。

3.财务与招标方面决策，包括经费投入、使用、支出等、经济项目招投标等内容。

4.招生与就业方面决策，包括招生计划、安排，就业工作等内容。

（三）质量保障决策机制

新建地方本科师范院校要重视完善质量保障决策体系，积极构建"论证—决策—改进"的质量保障机制，从三个方面强化质量保障决策机制建设：一是

---

① 中华人民共和国高等教育法. 中国人大网. http://www.npc.gov.cn/npc/c30834/201901/9df07167324c4a34bf6c44700fafa753.shtml

源头上建立审查—论证机制。树立"促进—发展"意识，结合学校办学环境和发展阶段，对学校发展战略、办学目标与定位、办学条件、培养目标进行审查和论证，确保保障工作拟达成目标和使命的科学性与合理性。二是建立"组织—队伍—标准—制度"一体化的决策机制。围绕"招生—培养—就业"全过程，着眼总体规划与统筹设计，建立保障工作的校院两级组织结构与工作队伍、议事程序、标准体系与质量管理制度，为质量保障决策提供有力支撑。三是建立教学工作联动机制，引入师生参与决策机制，形成全校上下各部门联动协同工作的良好局面。

二、质量保障组织系统

人才培养质量保障组织系统是指学校履行人才培养质量管理职责、开展质量保障活动、保障人才培养质量的相关机构及其人员。层次合理、职责分工明确、权限分明的质量保障组织系统是高校人才培养质量保障体系得以正常、有效运行的关键所在，是质量保障建设工作的基础和质量保障体系有效运行的组织支撑。新建地方本科师范院校要建立健全教学质量保障的组织机构，解决"谁来保障"的问题。其组织架构包括决策组织、管理组织和监督组织，其主要构成和职责如图5-1所示。

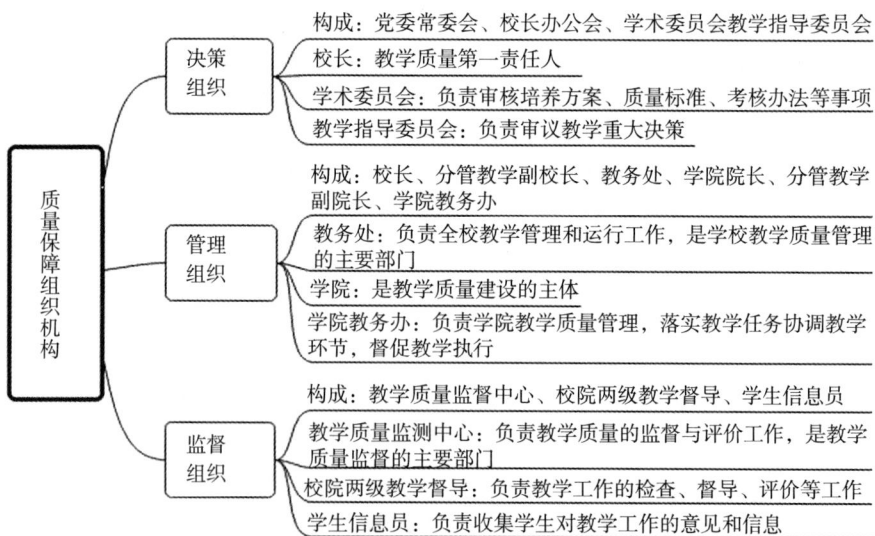

图5-1　质量保障组织机构

（一）校、院（系）两级组织管理责任人职责

目前，多数高校都实施校院（系）两级组织管理体系，两级管理体制需要明确校级、学院（系）各自的工作范围、职责、权利和义务，形成分工协作、各司其职的工作局面，保障学校人才培养工作的正常开展。

校级组织管理责任人由"校长、分管副校长、各职能部门负责人"组成，其工作职责是组织制订学科专业建设发展规划、安排部署学校人才培养活动，组织相关部门开展招生、就业、教学实施、运行管理、质量监督、条件保障等工作，包括组织制定与实施人才培养相关规章制度和质量标准，制订专业人才培养方案，领导、组织校内外质量评估活动，检查监督各级组织贯彻执行学校质量政策的情况，及时了解学校教学运行信息，协调组织人事、科研、学工、团委、招生就业、条件支撑等职能部门对人才培养的保障工作。校级层面工作的重心是突出目标管理、重在决策监督。

学院（系）组织管理责任人由"院长、分管副院长、系主任"组成，其主要工作职责是对本院（系）的人才培养活动、教师和学生双方活动的指导与管理，落实学校各项教学质量管理规章制度和政策，配合学校职能部门开展各项人才培养相关工作，落实人才培养计划和任务，落实招生、就业、教学实施、运行管理、质量监督等具体工作，努力达成人才培养目标，实现学校教学质量保障的目标。学院层面管理工作重点是突出过程管理和组织落实。

（二）校、院（系）主要组织机构及职责

组织机构是人才培养质量保障体系的执行机构。新建地方本科师范院校的校、院两级组织机构一般由学校党政办公室、发展规划处、教务处、质量监测中心、学生处与团委、招生就业处、人事处、科研处、财务处、国有资产与实验设备处、教学督导、学院教务办、教研室等机构构成，主要接受决策指挥系统的指令，组织实施人才培养质量管理和保障工作。

党政办公室是学校办学运行的总协调部门，主要负责处理学校党委和行政事务，协调学校行政管理；统筹协调全校性规章制度的建设工作；负责起草或审校以学校名义发布的各类文件和文书；负责校级文件的制订、修订、废止工作；组织协调保障体系执行过程中需学校层面协调的问题。

发展规划处负责制定学校发展规划、开展决策咨询工作，承担学校管理体制改革、制度建设、学校全面工作的督查督办、政策法规研究和高等教育研究的职能。负责研究提出学校发展定位和人才培养目标定位，供学校领导决策参考；负责学校教育教学综合改革，参与制定教育教学改革与研究管理办法。

学校教务处负责全校范围内的教学质量管理工作，对学校教学工作进行布置、管理、检查、指导和服务等职责，负责制定学校教学管理各项规章制度、各项教学工作基本规范和提出相关要求，并对实施或运行情况进行管理和指导，担负对监控、评价、评估中发现的问题进行整改和建设的职责。

质量监测中心对学校的教育教学质量和教学管理工作行使督察、监测、评价、诊断、咨询等职能，负责建立教学过程质量常态化监控机制，制定自我评估和评价标准，开展监测评价工作。为学校领导、职能部门和二级学院的科学决策、宏观调控、分类指导、规范管理、质量保障提供客观依据。

学生处与团委负责制定学生教育管理服务的基本规范与标准，制定学生课外活动、素质拓展等学生管理制度，参与学生学习状态与效果评估，配合教务处及二级学院对学生教育管理过程和相关活动过程进行监督。

人事处负责师资队伍建设，制定教师和教学管理人员岗位职责、考核办法、奖惩制度以及师德师风等方面的基本规范并进行监督。

招生就业处负责学校招生及学生就业创业服务、指导和管理等工作，建立毕业生跟踪反馈机制以及用人单位参与的社会评价机制，开展用人单位对毕业生的评价工作。

国有资产与实验设备处是办学基本条件的建设和管理部门，主要负责教学设施设备的配置与使用管理；负责制订并实施实验室和实践教学场所建设规划；制定办学基本条件保障相关规章制度，保证实验设施设备的配备齐全，保障人才培养活动的正常开展。

科研处是负责学校科研管理工作的职能部门，主要负责组织科研项目的申报与全过程管理工作；负责学校科研成果的管理工作；负责制定实施学校科学研究、学科建设、学术交流和对外科技服务规划与计划等工作。

财务处负责保障和统筹管理办学经费，制定办学经费使用管理等方面的基本规范并进行过程监督。

网络与信息中心负责校园网络规划、建设和管理，负责网络信息中心网络设备的运行与维护；负责校园数字化、多媒体教室等建设与维护工作，为教学质量管理提供信息技术支持，协助开展网络教学资源条件建设。

教学督导组主要负责教学督导，包括开展听课评教；召开师生座谈会；参与各类教学评估、教学检查；督查教学规章制度、教学计划、教学大纲的制定与实施；进行试卷分析、毕业论文质量抽查、教案检查等。负责学风督查。针对教学过程中的典型或重点、难点问题以及教学与教学管理的薄弱环节，开展专项调查研究，提出反馈意见与建议，并对整改落实情况进行跟踪检查。

学院教务办负责学院的教学运行管理，协同教研室落实教学计划，安排教学任务，负责组织教学监控、检查、督导、课程考核等工作，负责落实学校教务处安排的各项教学工作任务。

教研室是承担教学任务、科学研究、师资培训等工作的基层组织，是教学质量保障的具体执行者。其主要任务是开展专业建设工作，承担课程建设与管理工作，执行教学任务，开展教学研究，开展师资队伍建设等工作。教研室是保证各项教学管理措施得以落实的基础，其工作质量直接影响教学的质量。

第二节　人才培养质量保障体系的制度与资源系统

制度与资源系统主要提供人才培养过程各环节顺利实施和运行的规章制度，以及所需要的人、财、物等资源，它是人才培养活动开展的依据和基础保障。

一、质量保障的制度系统

（一）制度的含义与作用

高等学校是一个十分复杂的系统，其基本要素包括办学理念、制度、队伍、资源和文化等，其中制度是保证系统正常运转的重要要素，更是人才培养质量保证的关键要素。关于制度的含义，依据《辞海》的解释，制度是指要求成员共同遵守的、按一定程序办事的规程。美国著名经济学家道格拉斯·诺斯指出："制度是一个社会的游戏规则，更规范地说，它们是人们的相互关系而人为设定的一些制约。"①我国著名经济学家张曙光认为："制度是人们交换活动和发生联系的行为准则，它是由生活在其中的人们选择和决定的，反过来又规定着人们的行为，决定了人们行为的特殊方式和社会特征。"②唐世纲将研究者对制度的定义总结为几种代表性的观点："制度是一种规则或规范（体系）""制度是一种特定的组织""制度是一种习惯""制度是一种基本结构""制度是一种行为模式"，并在此基础上提出"制度是用以协调、制约和干预个体以及特定组织内部各种行动者之间关系的行为规则或规范体系。"③潘懋元指出："教育制度是国家为了从组织系统上保证教育目的的实现，根据教育的规律和国家的教育方针、政策建立起来的相互联系的各种教育机构的体系。学校教育制度是教育

---

① 〔美〕道格拉斯·诺思. 制度、制度变迁和经济绩效[M]. 上海：上海三联书店，1994

② 张曙光. 制度、主体、行为——传统社会主义经济学反思[M]. 北京：中国财政经济出版社，1999

③ 唐世纲. 大学制度价值论[M]. 青岛：中国海洋大学出版社，2016

制度的主要组成部分。^①"刘献君认为："高等学校制度是指高等学校按照一定程序依法制定的、要求其成员共同遵守的规程。^②"

综上学界对制度的定义，高校规章制度可以理解为高校为了有效组织和管理各项工作，按照一定程序依法自主制定的、在全校范围内实施，对学校各项工作具有普遍约束力的章程、条例、规定办法等规范性文件的总称。健全有效的规章制度能够较好地规范人与人、人与组织以及组织与组织之间的关系，维护学校良好秩序，激发师生的积极性和创造性，提高管理效率，促进学校发展。^③早在17世纪，夸美纽斯就指出了制度对学校工作的意义，他认为"制度是学校一切工作的灵魂，哪里制度稳定，那里便一切稳定；哪里制度动摇，那里便一切动摇；哪里制度松垮，那里便一切松垮和陷入混乱"。^④制度在保证组织的正常运转、启承组织的观念层和物质层中都发挥着重要的作用，同时，也表明，制度是最重要的教育资源。^⑤

高校内部的规章制度是高校开展各项工作的重要依据和行为准则，是学校各类人员必须遵守的行为规范和规程，它对学校各项工作具有领航和约束作用，其建设是学校管理工作中具有基础性、根本性和长期性的工作。健全而完备的制度系统是高校维持正常运转、实现自身价值的基石。在教育部发布的《关于加强依法治校工作的若干意见》（教政法〔2003〕3 号）中就明确指出"要加强制度建设，依据法律法规制定和完善学校章程，建立健全学校教育教学制度，依法健全校内管理体制"。《国家中长期教育改革和发展规划纲要（2010—2020）》明确提出"要完善中国特色现代大学制度。要完善治理结构、加强章程建设、扩大社会合作、推进专业评价等"。2020年教育部发布的《关于进一步加强高等学校法治工作的意见》（教政法〔2020〕8 号）明确提出："要构建

---

① 潘懋元.新编高等教育学[M].北京：北京师范大学出版社，2002
② 刘献君.论高等学校制度建设[J].高等教育研究，2010（03）：32-39
③ 李功强，孙宏芳.高校规章制度：问题、分析与建议[J].清华大学教育研究，2005（05）：59-62
④ 任钟印.夸美纽斯教育论著选[M].北京：人民教育出版社，1990：243
⑤ 杨运鑫.大学制度——大学存在和发展的根基[J].辽宁教育研究，2004（01）：26-27

系统完备的学校规章制度体系，加强统筹规划，提高制度供给水平和制度建设质量，推动形成以章程为核心，规范统一、分类科学、层次清晰、运行高效的学校规章制度体系。"①在高等教育高质量发展战略背景下，强化制度建设，已经成为促进办学质量提升、推动内涵式发展，实现学校管理科学化、规范化的重要举措。完善的制度明晰了部门职责，有助于工作任务的落实，降低了部门之间因责权不明确造成的内耗；完善的制度使各项工作有章可循，减少了不确定性，使学校发展具有可控性。另外，学校的有序运行要依靠制度建立权威，保证管理的科学性和可行性，形成科学的管理机制，这对于提高管理水平、实现管理目标具有重要作用。

制度是人为制定的，必然受到各方影响与制约，有优劣之分，完善与否、适宜与匹配程度等差异，只有优良的制度才能发挥积极的作用。"好"的制度是重要的教育资源，可以增强执行者的权利意识、自主意识，提高工作的主动性、积极性，提高人自我发展的责任心；而"坏"的教育制度则是人身心发展的牢笼或框架，它压抑人的天性，摧残人的创造性，个人的批判意识、独立意识、怀疑精神、探究精神都受到压制。②

（二）制度层次体系

高等学校的制度建设是一个系统工程，它包括学校制度的制定、制度的执行和制度的评估三个方面的内容，③即涵盖了依照一定的程序起草、讨论、通过、发布制度的过程、贯彻落实过程以及执行过程中优化调整，甚至废止的过程，包含了从制定到使用到完善的各环节。制度体系的搭建和制度的内容是高校制度建设的核心工作。从制度的内容上来看，高校的制度是一个庞大的体系，内容涉及面广，种类繁多。不同的学者依据不同的标准，对其进行了不同

---

① 教育部关于进一步加强高等学校法治工作的意见_教育.中国政府网. http://www.gov.cn/zhengce/
zhengceku/2020-07/28/content_5530645.htm

② 康永久."新制度教育学"管窥[J].华东师范大学学报，2001（01）：35-43

③ 刘献君.论高等学校制度建设[J].高等教育研究，2010（03）：32-39

的划分，形成了不同的制度层次体系。

学者们首先从制度制定主体的不同，将学校制度分为校外和校内两个不同的层面，比如邬大光教授提出："大学制度一般可以从宏观和微观两个层面进行界定。宏观的大学制度是指一个国家或地区针对大学的管理体制、投资体制和办学体制等；微观的大学制度是指一所大学内部的组织结构和运行机制，包括组织结构的分层、内部权力体系的构成等"[①]。其宏观层面可理解为外在的制度，微观层面是学校内部制定的制度。刘献君提出："现代大学制度包括两方面的制度：一是大学外部制度，即政府对大学的管理制度（属于他治）；二是大学的内部制度，即大学的自我管理制度（属于自治）。"[②]刘标提出"从我国法律制度和高等教育体制的现实状况来看，高校的管理规范主要包括以下三类：第一类是属于法规范畴，即宪法、法律、行政法规、地方性法规、部门规章；第二类属于抽象行政行为的范畴，主要指地方教育行政机关制定的行政规则；第三类是学校自行制定的内部教育管理规章制度。"[③]前两类制度是国家层面和地方行政机关制定的，可理解为学校外部制定的制度，后一类是学校内部自行制定的，属于内部制度。

显然，外部制度对高等学校而言，主要以执行和落实为主，内部制度是学校依据内部治理的需要自行建立的，不同类型、不同特色的高校都有适合自己办学实际的制度体系。本研究涉及的质量保障制度系统问题，主要是内部制度建设的问题。

由于高校内部组织结构复杂，工作内容繁多，为规范和协调各方行为与关系，高校内部形成了庞大的制度体系。许多学者从不同的角度对制度层次体系进行了归纳和概括。刘献君对高等学校的制度归纳比较全面，他认为高等学校可以划分为基本制度、一般制度和具体制度。其中基本制度指大学章程，即关于大学性质、任务及其组织构成和主要行为活动等最基本内容的原则规定或框

---

① 邬大光. 现代大学制度的根基[J]. 现代大学教育，2001（03）：30-32
② 刘献君. 论高等学校制度建设[J]. 高等教育研究，2010（03）：32-39
③ 刘标. 高校规章制度的行政法学分析[J]. 苏州大学学报（哲学社会科学版），2004（04）：122-125

架。大学章程是大学的宪法，大学办学的依据。一般制度和具体制度都是围绕大学章程设计的，包括机构设置制度、管理制度和工作制度等，这些制度下面又包括若干具体制度。机构设置制度是指一定的组织按照其组织目标设计的机构结构的规则。高校机构包括行政机构和学术机构。管理制度包括决策制度、执行制度、评估制度，以及人事管理制度、教学管理制度、科研管理制度、资金管理制度、设备管理制度、学生管理制度等。这些制度下面又包括若干具体制度，如人事管理制度包括教师聘任制度、职员聘任制度、分配制度、考核制度、奖惩制度等。工作制度包括人才培养制度、科学研究制度、社会服务制度等。这些制度下面也包括若干具体制度，如人才培养制度包括专业设置制度、学分制、选修制、拔尖创新人才培养制度、学位制等。①

刘绍怀认为大学内部制度包括校内决策制度、执行制度、管理制度、学术制度、教学制度、服务制度、会议制度等，是学校内部管理与运行的规则体系。②

董文强、胡丹认为高校管理制度的基本框架包括3个层次。第一层是学校章程。第二层是学校一般管理制度。包括学校教职工的用人机制、竞争机制、组织机制、激励机制、各种考核评价标准以及学籍管理制度和学生工作机制。第三层是学校各单位和各部门的内部管理制度。③

赵月东提出学校的制度层次体系：一是学校的章程；二是根据章程制定学校的体制、机制性制度和规范，如领导机制和决策制度、重要议事规则、有关工作条例、学术管理制度、学术规范、教职工代表大会制度等；三是学校层面的具体管理制度，包括人事制度、考核制度、财务制度、学生工作制度、学生奖惩制度等；四是校内各单位和各部门制定的内部管理制度。④

张爱艾提出的高校制度框架体系包括三个方面：一是学校制度建设的两大

---

① 刘献君. 论高等学校制度建设[J]. 高等教育研究，2010（03）：32-39

② 刘绍怀，等. 现代大学制度理论与实践研究[M]. 北京：高等教育出版社，2013：71

③ 董文强，胡丹. 基于主体与制度互动关系的高校制度建设[J]. 郑州大学学报（哲学社会科学版），2008（01）：166-168

④ 赵月东. 加强高等学校制度建设的思考[J]. 中国石油大学学报（社会科学版），2011（04）：102-105

基石——《大学章程》和《党委领导下的校长负责制的实施意见》。二是学校层面各项主要制度。一般指教学、科研、学生、人事、资产与财务、后勤、对外合作等方面管理制度。具体包括两大类：一类是管理制度，即学校管理系统的基本框架，保证学校管理秩序的根本性的管理制度，包括管理制度、实施意见、实施办法、指导意见和管理办法等；另一类是管理规定或管理办法，即与学校层面管理制度配套的对涉及全校或某一个专业系统内的工作所做出的具体要求的制度，包括实施细则、管理规定、暂行办法、应急预案和评选办法等。①

不同类型的高校根据自身特色和办学实际，在自己的管理实践中，形成了不同的制度架构。综合学界的研究和高校的实践来看，各高校的制度层次体系都以大学章程为核心，大多呈现"大学章程→学校层面治理体系→学校层面各部门面向全校的管理制度→校内各单位和各部门的内部管理制度"的层级体系。

随着现代大学制度理念和落实的不断推进，在制度建设上，许多高校进行了有益的探索与实践，形成了可复制、可借鉴、可推广的现代大学制度建设经验。如上海师范大学在深入研究借鉴发达国家高等学校管理体制的成功经验，围绕"依法办学、自主管理、民主监督、社会参与"的现代大学制度建设总体要求，结合学校实际，积极推进"1+18"现代大学制度体系建设。"1"指大学章程；"18"包括4个会议议事决策规则，即大学委员会全体会议、常务委员会会议、校长办公会议、二级学院党政联席会议；1个实施办法，即"三重一大"制度实施办法，7个章程，即学术委员会、学位评定委员会、教学指导委员会、师资队伍建设委员会、学科建设与科学研究委员会、学术伦理与道德委员会、学生会；1个条例，即二级学院工作条例；4个实施细则或办法，即学校教职工代表大会实施细则、二级单位教职工代表大会实施细则、二级学院绩效考核实施办法、机关部处和直属单位绩效考核实施办法。②上海中医药大学围绕大学章程，从基本制度、重要制度和具体制度三个方面，构建了学校制度架

---

① 张爱艾. 加强高校制度建设的体系设计和实施路径探索[J]. 齐齐哈尔大学学报（哲学社会科学版），2016（02）：160-162
② 苏明. 现代大学制度建设：理论与实践探索[M]. 上海：上海大学出版社，2017：045-053

构，其治理结构、教学工作、学生工作、科研工作、人事管理等主要工作的制度架构见表5-1所列。

表5-1　上海中医药大学部分工作的制度架构[①]

序号	类别	事项	基本制度	具体制度（含重要制度）
1	治理结构	党委	党委领导下的校长负责制实施细则	全委会、常委会议事规则 校长办公会议事规则 二级单位管理办法
		行政		
		学术	学术委员会章程	
		民主	教职工代表大会规定 学生代表大会规定 校董会章程	
2	教学工作	招生录取	招生管理规定	本科生、研究生、继续教育、留学生招生管理办法
		学业管理	学分制实施规定 学生培养方案	本科生、研究生学分制实施办法
		学历学位	学历学位管理规定	本科生、研究生学历学位管理办法 成人高等学历教育授予学士学位办法 留学生学历管理办法
3	学生工作	学生管理	学生管理规定	本科生、研究生、成人高等教育学生、留学生管理办法
4	科研工作	学科管理	重点学科建设管理规定	重点学科奖励办法 专利管理办法 横向科学技术研究项目管理办法
		项目管理	科学技术项目管理规定	
		成果转化	科技成果转化实施规定	
5	人事管理	机构设置	机构设置管理规定	
		岗位设置	岗位设置管理规定	
		员工聘用	聘用合同制实施规定	人事争议调解办法 正高级专家延长退休年龄工作实施办法 专业技术职务晋升聘任工作实施办法
		员工管理	员工管理规定	绩效工资实施办法 聘任客座\兼职教授和授予名誉教授称号的实施办法 人才引进管理办法
		员工发展	员工发展规定	骨干教师教学激励计划实施意见 学术荣誉体系实施办法 终身教授职务聘任办法 杏林培育体系管理办法

[①] 苏明. 现代大学制度建设：理论与实践探索[M]. 上海：上海大学出版社，2017：378-379

（三）新建地方本科师范院校规章制度建设中存在的问题

新建地方本科师范院校大多本科办学基础薄弱，本科办学历史短、经验缺乏，在升本和转型的大转折过程中，发展面临的困境不仅表现为师资力量的不足和转型困难、办学经费匮乏、生源质量和地缘的劣势，更表现为制度的不完善、体制机制不健全。在制度建设方面还存在如下诸多的问题。

1. 制度制定过程中存在的问题

高校制度建设是关乎学校规范建设、科学管理、有序运行、持续发展的大事，需要统筹规划和长远规划，要体现科学性、合法性、权威性、民主性、系统性等。目前，新建地方本科师范院校在制定制度过程中主要存在以下问题：一是程序上不规范。表现在制定制度时，立项审批环节缺失，对拟建制度内容缺乏深入调研、合法性论证及可行性的审查，缺少民主参与，不能广泛反映各方面意见，难以得到充分认可和理解，难以发挥效用。二是制度建设缺乏整体配套谋划的理念，前瞻性不够，缺乏整体的、系统的、长远的统筹规划，难免具有随意性，影响制度的连续性、稳定性、配套性。三是制度体系不完善。新建地方本科师范院校"升本和转型"的急速转弯的过程中，机构不断增加，职能不断丰富，学校疲于处理层出不穷的新问题和新情况，规章制度建设没有能够及时跟上，所以规章制度体系的不完善。学校的章程、议事规则、学校层面的指导性文件以及各类领导小组、委员会、职能部门的职责规定等宏观的规章制度建设相对滞后。还有一些具有操作性的制度没有具体的实施细则或办法，缺少工作指南，使得制度无法得到有效执行和落实。四是制度内容不严谨。有一些制度涉及的内容，上级文件已经明文废止。有些制度内容随意不合理，部分制度依然沿用专科阶段的制度，制度修订滞后。部门间的制度交叉重叠、权责不明、政出多门。有的甚至完全复制其他学校的规章制度，貌似解决了"制度有没有的问题"，致使制度缺乏针对性。

2. 制度执行过程中存在的问题

完善的管理制度是高校组织机构顺利运行的保障。但再好的制度，如果没有得到切实贯彻执行，都只能成为无用的文本。目前，新建地方本科师范院校在制度的执行过程中主要存在以下问题：一是对制度的执行和落实重视程度不够，一些部门和个人潜意识里认为，制度制定出来就大功告成了，至于制度的执行实施常常被轻视或忽视。因此，一些制度被束之高阁，形同虚设，丧失了制度的实际意义。二是一些制度执行过程的不规范、不透明、不严格、不作为，存在随意性，对违反制度的行为视而不见，降低了人们对制度和制度执行者的信任，降低了制度的权威性，导致制度失灵。三是制度宣传解释不到位。制度制定出来以后，宣传和解释不够，导致制度难以有效落实和执行，对制度内容内涵和要义理解不到位，导致执行中出现偏差。四是在执行中频繁变更，造成制度的不稳定、不连续，导致缺乏公信力和执行力。

3. 制度优化调整过程中存在的问题

新建地方本科师范院校在这个过程中存在的主要问题是制度监控和反馈环节的缺失，制度的"废、改、立"不及时。由于缺少监督与反馈，制度实施的效果很难反映至制度的制定者和执行者那里，造成了制度运作程序上的断裂，从而出现"规章失灵"的现象。没有实施后的审查、修订和废止等环节。对内容已不能满足学校管理工作的需要，或与相关的法律和法规不符，或制度所依据的上级政策已经发生了变化的规章制度，没有及时予以修订完善或者废止，缺少及时的优化调整。

二、质量保障的资源支持系统

资源支持系统对质量保障体系主要提供人、财、物等方面的支持，通过相关制度和规定，确保本科教学的投入，促进办学资源的有效利用，这是人才培养的前提和基础。具体来看，资源支持系统主要包括师资队伍支撑、教学经费投入、教学基本设施建设、实践基地建设等基本要素。

（一）师资队伍建设方面

1. 师资队伍建设要求和内容

师资队伍是办学的基本条件和核心要素，高等学校人才培养质量的高低关键取决于师资队伍数量是否充足，结构是否合理，质量是否达标。高等学校要建立师资队伍建设的相关规章制度及人才引进管理办法、完善教师培养机制，确保教师队伍数量和质量双达标。

师资队伍建设的基本要求：师资队伍建设有规划、有措施、有成效；师德师风优良、师资队伍数量和结构合理，满足人才培养需要；建立完善的教师聘任、考核、奖惩等机制。

师资队伍建设的主要内容：制定并实施师资队伍的引进、培养、考核和激励等方面的制度，开展相关的落实工作。具体包括人事部门负责制定教师队伍建设规划，开展教师师德师风教育、教师职称晋升及定编定岗工作，组织实施教师引进、培养培训计划，建立教师考核和激励机制；教务部门负责制定并实施主讲教师资格认定，教授为本科生授课及本科教学奖惩制度，组织教学技能比赛、培养选拔优秀教师；二级学院（系）负责制定本学院师资队伍建设规划，开展教师培养培训等相关工作。

2. 新建地方本科师范院校师资队伍建设存在的问题

新建地方本科师范院校自升本以来，大力加强师资队伍建设力度，引进高层次人才，但受制于经费投入和办学条件的限制，依然普遍面临着师资力量薄弱的突出问题。师资队伍既存在数量不足、师资转型提升困难、队伍结构不合理、教师专业发展后劲乏力的现实困境，还面临着建设目标不明、规划不清、措施不力的尴尬局面。具体表现为：

（1）专任教师数量不足，师资短缺现象突出

依据《普通高等学校本科专业类教学质量国家标准》规定，专任教师是指具有教师资格，承担本专业学科基础知识和专业知识教学的教师，专任教师必须满足两个条件：一是要具有高等教育教师资格证书，二是要在统计的时段承担教学工作。专任教师是保障人才培养质量的核心要素，其数量和质量对高校人才培养质量具有举足轻重的地位。近年来，随着扩招力度的加大，新建本科地方师范院校的教师数量随着学生人数的增加而增加，但速度依然远远滞后于学生。通过查阅各院校官网公开发布的年度本科教学质量报告，获得了48所以"师范学院"命名的新建地方本科师范院校2020—2021学年度和2021—2022学年度师资队伍的相关数据。数据显示，有25所院校的生师比超过18[①]，超过20

[①] 说明：根据教育部《普通高等学校基本办学条件指标（试行）》（教发〔2004〕2号）文件，本科师范院校合格标准生师比不超过18，超过22为限制招生。

的有15所，超过17接近18的有7所，即有52%的院校存在专任教师数量不达标的情况。另外，外聘教师的数量在一定程度上也可以反映学校专任教师数量欠缺的问题。48所院校都有一定数量的外聘教师，其中有39所院校的外聘教师数量占教师数量（专任教师和外聘教师之和）的比例达15%以上，达到20%以上的有24所。

（2）高学历和高级职称教师数量少，师资力量整体实力薄弱

目前，对于大部分地方新建本科师范院校来说，高学历和高级职称教师数量不足是制约其发展的关键性因素。从学位结构来看，本、硕学位教师居多，博士学位教师偏少；职称结构方面，中级及以下职称教师比例大，高级职称教师比例小。查阅院校官网公开发布的年度本科教学质量报告，收集到45所新建地方本科师范学院博士学位/高级职称教师数量情况，数据显示，具有博士学位教师占专任教师的比例低于30%的有31所院校，占比达68.89%，高级职称教师占专任教师比例低于50%的有37所院校，占比82.22%（如图5-2所示）。升本以来，新建地方本科师范院校虽然努力加大有限的投入，引进具有博士、硕士学位的师资，但是原有的大部分师资力量仍然是之前专科阶段继承下来的，这些教师学历层次普遍偏低，教学科研能力薄弱，加上院校未能提供持续专业发展和进修的资源和机会，师资力量未能有质的变化，发展后劲不足。

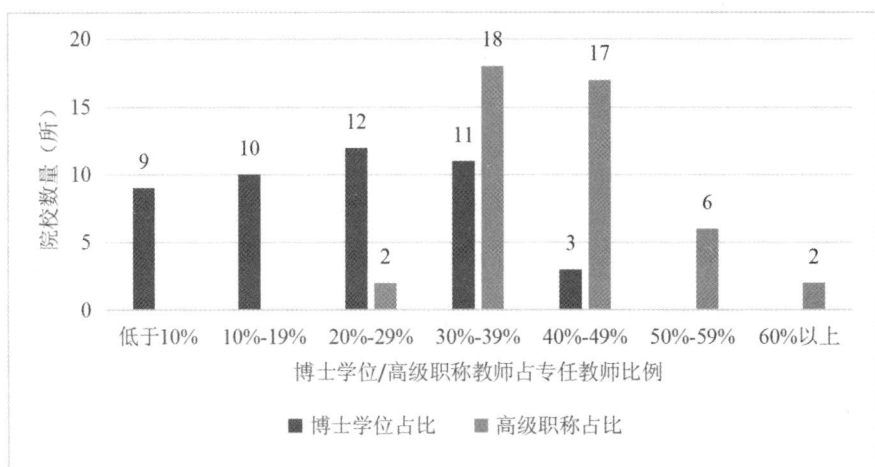

图5-2　45所新建地方本科师范学院博士学位/高级职称教师数量情况

（3）教师教学与社会需求脱节，服务基础教育能力不足

新建地方本科师范院校以为地方基础教育培养师资为根本任务，但是受多方面因素的影响，教师在教学中沿袭传统惯性，重理论轻实践，教学中"不接地气"，缺乏主动服务基础教育和地方经济发展的意识，同时，学校有基础教育服务经历的教师少。升本后，大部分教师面对以教学和科研业绩为主的综合考评机制不适应，知识更新滞后，缺乏自我提升和发展的紧迫感。同时，高校虽然都制定了教师到中小学一线实践锻炼的相关政策，但在师资数量严重不足的压力下，在具体实施中却无法得到有效落实，教师对基础教育岗位需求把握不准确，培养的人才在知识、能力、素质等方面不能满足社会需求。近年来，根据国家对师范专业建设要求，各院校积极聘请中小学一线教师，积极致力于"双师双能型"队伍的建设，但从各院校实践来看重视程度不够，成效不够显著。在"师范学院"命名的48所院校的本科教学质量报告中，多数院校的师资队伍建设没有提及"双师双能型"队伍建设问题。

（4）缺乏有效的激励机制，师资队伍专业化发展乏力

随着新建地方本科师范院校学生规模的不断增大，专任教师的数量结构性短缺逐渐加剧，教师长期处于超负荷工作状态。虽然学校采取了一些激励措施吸引和稳定优秀教师，但是在学术带头人、学术骨干培养方面力度不够，在职称晋升、岗位聘任等方面政策不完善，现行激励机制没有真正做到以人为本，激励与惩戒力度不够，缺乏有效的竞争激励机制，这些都势必影响教师工作积极性和主动性的发挥，也影响到教师队伍的稳定性和专业化发展的动力。

3. 新建地方本科师范院校强化师资队伍保障的措施

党的二十大报告吹响了教育强国建设的号角，而教师是教育强国的第一人力资源，是科技强国的第一保障，是人才强国的第一支撑。[①]党的二十大报告明确指出"要全面贯彻党的教育方针，落实立德树人根本任务，培养德智体

---

① 朱旭东. 构建中国特色的教师教育体系建设教师教育强国[N]. 北京师范大学校报，2022-12-27（12）

美劳全面发展的社会主义建设者和接班人","加强师德师风建设,培养高素质教师队伍,弘扬尊师重教社会风尚",①报告明确了未来教师队伍建设的基本方向。

师范院校是我国基础教育师资培养与培训的主力军,"谁有资格培养与培训教师"的疑问既是一线教师的声音,又是师范院校必须自省的问题,②教师教育者队伍的建设是师范院校高质量发展的根本。因此,要回答"谁来培养人"的时代之问,新建地方本科师范院校必须强化教师队伍建设,着力做好以下几方面的工作:

(1)强化师德师风建设,筑牢立德树人关键队伍基础

新建地方本科师范院校要将师德师风建设作为教师队伍建设的"龙头"工程,不断夯实组织保障、优化制度供给、强化教育实践,全面提升教师素养,着力培养高素质教师队伍。一是建立健全师德建设长效工作机制,以贯彻落实"做新时代'四有'好老师和'四个引路人'"学习实践活动为主线,搭建师德建设工作新格局。二是坚持用习近平新时代中国特色社会主义思想武装头脑,积极推进教师思政教育和师德师风主题教育。通过组织开展专题学习、实施从教行为规范教育、组织专项培训等多种形式,不断强化师德师风建设。引导广大教师"以德立身、以德立学、以德施教、以德育德",把教书育人作为首要职责和崇高使命。三是完善奖惩制度,明确将师德表现作为教师招聘、年度考核、培训(研修)、各类高层次人才计划推选、科研项目申报、干部选任等方面的"第一标准"。四是加强师德考核评价,建立教师招聘环节的师德表现、思想政治素质考察机制,从源头上加强师德把关。对教师的政治思想和师德表现开展常态化评价,在教师引进、年终考核、职称晋升、评优评奖等工作中,将教师的政治思想和师德师风表现作为首要标准,实行"一票否决"制。

---

① 习近平:高举中国特色社会主义伟大旗帜 为全面建设社会主义现代化国家而团结奋斗——在中国共产党第二十次全国代表大会上的报告(2022年10月16日[N].人民日报,2022-10-26(1)
② 王鉴.中国特色教师教育高质量发展的制度逻辑[J].国家教育行政学院学报,2022(07):33-39

（2）充实数量改善结构，奠定人才培养的师资基础

新建地方本科师范院校要把加强教师队伍建设作为工作的重点和提高人才培养质量的关键，要引培并重多措并举，稳步充实教师队伍。制定师资队伍建设规划，通过大力引进高层次人才以及具有基础教育和行业背景的师资、聘请省内外一线名优教师、具备专业（行业）职业资格和任职经历的人员做兼职教师，建立了一支满足应用型人才培养的专兼职教师队伍，保障人才培养的需要。

（3）强化教师培养培训，提升教师专业素养

新建地方本科师范院校要强化推进教学团队建设，重视专业带头人培养。加强青年教师培养培训，注重全面提升与重点突破相结合、在职研修与脱产强化相结合、网络培训与现场培训相结合，依托教师教学发展中心，实施"岗前培训、全员培训、分类培训、重点培训"的多元培养培训体系。引导教师围绕人才培养做好科研工作，提高教育教学的能力。"教学没有科研做底蕴，就是没有观点、没有灵魂的教育。"[①]"教师教育者正是通过专业理论与专业实践双重素养的提升，才能成为具备教师教育者素养、有资格培养与培训中小学教师的教师，才能真正从传统的'身份赋权'走向现代的'素养胜任'，才能当之无愧于'教师的教师'。"[②]

（4）强化"双师型"队伍建设，增强服务基础教育的能力

师范生不仅要有扎实的专业理论知识，还要具备教师教育的基本能力。因此，作为师范专业的教师不仅要向学生传授教育基本理论知识，还要教会学生基本的师范技能。显然，既精通理论又具有实践技能的"双师型"师资队伍是师范生培养的必备条件。新建地方本科师范院校在师资队伍建设过程中，必须遵循师范专业建设规律，摒弃传统的打造"学术型"师资队伍的做法，根据人才培养需求，与基础教育密切合作，通过"请进来，走出去"的方式，一方面选派教师到中小学一线挂职或实践锻炼，另一方面积极引进和培育具有基础教育背景的师资，或聘请基础教育领域骨干教师做兼职实践教学导师，不断加强"双师双能型"教师队伍建设。把对教师的"双师"素质要求作为绩效考核和晋职晋薪的重要内容，不断增强教师提高"双师"素质的动力。

① 钱伟长.论教育——师资队伍建设是办好大学的关键［M］.上海：上海大学出版社，2006：193-248
② 王鉴.跨界的能动者：教师教育者专业成长路径探析［J］.中国教育学刊，2019（07）：84-90.

（5）健全人才激励机制，激发创新内生动力

强化教师队伍建设规划，实行按岗聘任，用好用活编制总量控制。优化师资结构，推进教师转型。制定人才激励政策，激发和释放教师创新活力。全面推动职称评聘制度改革，实施聘期考核制度，发挥职称评聘和聘期考核指挥棒作用。加强教学质量评价，突出教书育人实绩。

（二）教学经费投入方面

1. 教育经费投入指标的建设要求和内容

教育经费投入是保证教育活动正常进行的财力消耗或基本条件，它是教育活动的物质基础，是教育战略地位的根本保障，是办学必不可少的财力条件。高校应该加强教学经费投入保障机制建设，满足人才培养需要。保证教学日常运行支出占经常性预算内教育事业费拨款与学费收入之和的比例≥13%。生均年教学日常运行支出≥1200元人民币，且应随着教育事业经费的增长而逐步增长。[①]经费投入的建设内容主要是制定教学经费预算管理及制度，监督审核各职能部门和二级学院教学经费的使用情况。

2. 新建地方本科师范院校经费投入方面的主要问题

新建本科地方师范院校的经费来源多为地方政府。目前，教育经费不足、筹资渠道较窄、办学经费短缺等问题一直是新建地方本科师范院校发展中的最大困难。图5-3是根据公开资料整理的47所新建地方本科师范学院的生均教学日常运行支出、生均实验经费、生均实习经费三项数据绘制而成。图5-3的数据显示，各院校生均年教学日常运行支出都超过了本科教学工作合格评估要求的标准，各院校差距不大，但生均实验经费、生均实习经费各院校差距较大。55%的院校生均实验经费低于200元，48%的院校生均实习经费低于200元，其中生均实验经费低于100元的有11所院校，生均实习经费低于100元的有7所。这三项数据与普通本科院校和中央部署院校的差距巨大。

---

① 教育部办公厅关于开展普通高等学校本科教学工作合格评估的通知. 中华人民共和国教育部政府门户网站. http：//www. moe. gov. cn/srcsite/A08/s7056/201802/t20180208_327138. html

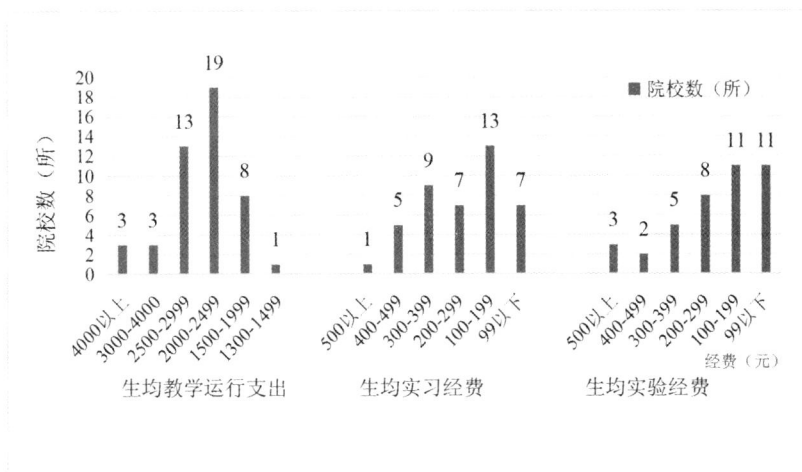

图 5-3　新建地方本科师范学院经费投入情况

数据说明：本图数据由各院校官网公开发布的本科教学质量报告整理而来，数据为2021-2022学年度数据。

新建地方本科师范院校普遍存在基础差、底子薄，经费来源渠道单一。其建设和发展的经费主要来自地方政府拨款、学费收入、银行贷款、社会捐赠。国家财政支持较少。由于地方政府将有限的财力主要用于对地方重点综合性大学的支持，新建地方院校所能得到的经费支持十分有限。另外，师范类院校在为地方经济社会发展提供科技创新、技术转化、产品研发等方面的能力不足，也难以从社会、企业获取经费的支持。因此，总体上，地方政府对新建地方本科师范院校经费支持力度不大。师范院校学费收入又普遍低于综合性院校的学费收入。各院校教育经费自筹能力低，经费不足，直接影响着学校的发展和人才培养质量。

3. 解决新建地方本科师范院校经费投入不足的措施

（1）政府层面应完善经费投入机制，保障师范生培养的经费需求

充分的经费投入是实现师范教育高质量发展的前提。新建地方本科师范院校在我国高等教育体系中占据着不小的份额，在高等教育人才培养中具有重要的地位，学校的持续发展和高质量发展理应得到政府的高度重视，因此在经费筹措上需要得到政府的大力支持。党的二十大报告提出"要加快推进人才的自

主培养，要加强拔尖创新人才和创新能力的培养"，这对师范教育改革创新提出了更高的要求，即师范教育要着力培养具有创新意识、创新能力、创新思维和创新精神的高素质教师。在改革创新过程中无论是师范教育的课程改造，还是引入更先进的人工智能的教学方法，或者是线上线下混合的师范教育的课程和教学，以及师范生的多模态实践实习，都需要调整师范教育专业的经费投入。为此，政府部门应探索设立师范生差异化拨款系数，适当提高师范专业生均拨款的比例与额度。在制度设计上，中央财政应加大对"国培计划""强师计划""优师计划"等师范教育重大改革项目的支持力度，体现出对非"双一流"建设高校和地方师范院校的倾斜，实现经费投入在不同类型师范院校之间的科学、有效分布。①

（2）学校层面需进一步拓展经费筹措渠道，改善学校办学条件

面对人才培养的使命任务，新建地方本科师范院校要获得高质量的持续发展，必须多渠道筹措教育经费，解决办学之困。一是学校要加强与企业、社会的联系，通过校企合作筹措资金。这是许多高校解决办学经费困难的较好的方法。通过深化产学研合作，提高服务社会的能力来获得经济回报。校企合作不仅使学校获得了发展资金，而且在合作实践过程中提高了师生的科研水平、培育了科研队伍，实现了双赢。二是学校要强化社会服务，扩大社会服务范围，开拓社会服务项目，通过开展各种社会服务活动创收来弥补政府拨款的不足。

（三）教学基本设施建设方面

新建地方本科师范院校在教学基本设施方面应建立和完善教学基本设施的投入保障机制，确保各项教学基本条件达标，保障教学运行。根据教育部出台的《普通高等学校基本办学条件指标（试行）》教发〔2004〕2号文件要求，教学基本设施的建设要求为，生均教学行政用房面积、生均教学科研仪器设备值及新增教学科研仪器设备所占比例、生均图书和年进书量达到国家办学基本

---

① 朱旭东.推进师范教育改革创新：制度、体系、体制和机制[J].中国高教研究，2023（02）：7-15

条件要求；教室、实验室、实践场所及相关配置、图书资源、运动场及体育设施满足人才培养基本要求；校园网络畅通。

教学基本设施建设的主要内容是负责校舍、实验室、图书资料、校园网、运动场所及设施的建设与管理。包括根据学校发展规划制定教室、实验室、宿舍等用房及用地规划；校舍等教学设施的日常管理与维护；制定教学设施的使用计划、制定并实施教学仪器设备的采购计划；对教室、实验室、实训室及计算机房、运动场馆和体育设施的维护；制定信息化建设计划并实施，维护网络设施；制定并实施图书资源的采购及服务。

新建地方本科师范院校升本以来，虽然不断加大对基本设施建设的力度，但受制于办学经费不足的制约，办学条件总体薄弱，部分高校的基本办学条件与学校的发展规模不相匹配，多数院校处于基本保障教学的阶段。基本设施建设任务艰巨。学校教学空间场所严重不足，生均教学行政用房面积、生均占地面积、实验实训场所等严重不足，场所设施陈旧，学生食宿拥挤。经分析以"师范学院"命名的48所新建地方本科师范院校近两年的本科教学质量报告发现，许多院校本科办学基本条件处于勉强达标的状态，有的院校在生均占地面积、生均教学行政用房面积、实验设备等关键指标尚未达标。廖萌在对100所高校的《本科教学质量报告》的办学条件比较分析结果显示，相比部属师范院校，省属地方师范类高校办学条件的综合水平偏低，尤其是西部地区的师范类高校，他们在办学规模、师资投入、教学规模方面都不如其他同类高校。[①]

改善办学条件是提升高等教育质量、建设高等教育强国的基础和重要前提。从总体形势来看，新建地方本科师范院校的办学条件基本达到国家办学条件指标的要求，但是距离新时代高质量师资培养的需要还有很大的差距，需要政府和高校进一步加大投入，改善办学条件，适当控制招生规模，进一步调整优化学科布局与结构，整合内部资源，提高学校办学条件的现代化管理水平，保障人才培养的需要。建立常态化自我评估机制，定期开展学校办学基本条件

---

① 廖萌. 高校办学条件比较研究——基于100所高校的《本科教学质量报告》的分析[D]. 武汉工程大学，2019

的自我评估，根据评估结果来合理确定学校的办学规模、制定年度预算、合理分配资金、进行资源整合等，避免盲目性和人为化的短期行为。

（四）教育实践基地建设方面

实践教学环节是学生深化专业知识理解、养成专业态度和情感的关键环节。教育实践是师范生理论联系实际、进行职业技能训练、巩固专业思想的必不可少的综合实践过程[①]，是师范专业实践教学的重要组成部分，是教师培养的必要环节。教育实践基地是开展实践教学的重要场所，建设稳定的教育实践基地是师范生培养的重要条件。2016年教育部《关于加强师范生教育实践的意见》对加强师范生教育实践提出了具体意见，并明确要求"地方教育行政部门要统筹考虑本地区师范生规模结构和服务面向，与举办教师教育的院校共同遴选建设长期稳定、多样化的教育实践基地"[②]。2017年教育部发布的《普通高等学校师范类专业认证实施办法（暂行）》中"合作与实践"指标明确提出了"教育实践基地相对稳定，能够提供合适的教育实践环境和实习指导，满足师范生教育实践要求。每20个实习生不少于1个教育实践基地"的具体规定。[③]以上两个文件都充分说明了师范院校建立稳定的教育实践基地的重要性和必要性。

1.教育实践基地建设的主要内容和要求

教育实践基地是促进师范生"一践行、三学会"毕业要求达成的支撑平台。师范生在实践过程中一方面可以得到一线优秀教师的专业指导，另一方面经历真实情景下的实践过程，有助于提高师范生教育教学的实践技能。教育实践基地的建设要结合师范专业的认证标准的要求，制定明确的标准和质量要求，从数量和质量上满足实践教学的要求。其建设的主要内容包括与地方教育行政部门及中小学校建立稳定的协作关系，建立"政府+中小学+高校"三位一

① 黎佑甫，季凤云.我们是怎样建立师范院校教育实践基地的[J].中国高等教育，1992（Z1）：62-63
② 教育部关于加强师范生教育实践的意见.中华人民共和国教育部政府门户网站.http：//www.moe.gov.cn/srcsite/A10/s7011/201604/t20160407_237042.html
③ 教育部关于印发《普通高等学校师范类专业认证实施办法（暂行）》的通知.中华人民共和国教育部政府门户网站.http：//www.moe.gov.cn/srcsite/A10/s7011/201711/t20171106_318535.html

体的协作育人机制，建立教育实践基地的遴选与管理制度、基地建设和管理的相关规章制度，建立基地学校遴选、培训、评价和支持教育实践指导教师的制度与措施，建立教育实践评价与改进制度。

2. 新建地方本科师范院校教育实践基地建设存在的问题

（1）教育实践基地建设经费投入不足

师范院校的教育实践基地是师范生开展实践教学活动，提高师范生从教技能的重要平台。作为师范生培养的必要条件和基础保障，教育实践基地建设有赖于教育行政部门的积极推动、中小学校和高校的共同协作，而保证充足的经费投入是教育实践基地良性运转必要前提。目前，新建地方本科师范院校普遍存在经费投入不足的困难。地方政府是地方教育文化事业的责任者与组织者，地方师范院校作为基础教育师资培养的主力军，理应得到地方政府的大力支持，并积极参与教育实践基地建设，这既是教育公共属性的要求，也是提高师范生培养质量的需要。然而，由于种种原因，地方政府对师范院校的教育实践基地建设重视程度不够，无论是政策上还是经费上，都缺乏统筹安排。对中小学校而言，由于与高校之间主要是合作关系，而非行政隶属关系，在法律意义上，也没有明确规定中小学校必须接受师范生的实习任务，因此，中小学校源于自身职责和发展压力，在没有专门经费保障的情况下，根本无暇顾及师范院校教育实践基地的建设，有些中小学校怕影响正常的教学秩序，甚至不愿意接受师范生实习。对新建地方本科师范院校而言，由于自身办学经费不足，有限的经费保持日常教学正常运行已非易事，因此，普遍对实践教学基地的建设投入不足。经费投入的无法保障，导致教育实践基地建设十分困难且质量不高。

（2）基地遴选缺乏标准，运行管理不到位

随着招生规模的不断增长，新建地方本科师范院校教育实践基地数量不足的问题日益突出。教育实践基地的生配比远远超出了师范专业认证标准规定的生配比（实习生数与教育实践基地数比例≤20∶1），仅仅是完成了教育实习的任务，每位师范生得到的实习机会十分有限。鉴于新建地方本科师范院校在教育实践基地建设方面的被动地位，为了达到师范专业认证标准要求的实践基地数量标准，学校在教育实践基地的遴选上几乎无标准可言，没有选择的余地。另外，许多高校与实践基地之间缺乏长效的协作与沟通机制，高校缺乏对基地学校的长期投入，联系不密切，往往一年一换，基地的稳定性较差。高校与基地学校并未形成协同育人的共同体，因此也就谈不上管理是否规范的问题。

（3）缺乏实习指导教师的遴选、培训、评价等相关制度

学生在教育实践过程中一般由高校指导教师和中小学教育实践基地指导教师共同指导。师范专业认证标准明确要求"要有高校教师与优秀中学教师共同指导教育实践的'双导师'制度，双方分工明确，共同为学生提供全方位的指导，以促进学生实践能力的提升"，然而现实情况是高校在教育实习工作的安排中，缺乏对实习指导教师的遴选制度，往往由教学单位随意安排，在混合编队实习模式下，派出的指导教师仅仅能够完成带队任务，即完成接送实习生的任务，受专业差异的影响，这些教师无法对所有实习生进行有效的实习指导。实践基地的指导教师往往是随机指派，由于忙于日常的班级管理与课堂教学，无暇钻研如何做好实习指导工作，缺乏对实习生的有效指导，在师资力量有限的情况下还存在同一导师指导多名实习生的现象。因此，教育实践指导教师队伍的质量难以得到保证。另外，还存在指导教师的职责不清、指导内容和要求不具体等问题。也缺乏对教师指导效果的评价，多数基地学校仅为学生提供了指导教师，而对指导教师的履职情况和师范生的实习情况却很少进行监控和评价。

（4）对实践基地的评价重形式轻实质

基于实践效果的评价机制是促进地方高校教育实践基地建设的途径。由于缺乏对实践基地实践保障条件、学生实践效果的具体要求，没有统一、严格的验收与评价标准，导致教育实践基地的评价难以开展。目前，教育实践基地的选择与建设多是师范院校独立完成，其如何建设、建设到什么程度完全由各院校自行确定，存在较大的随意性与主观性。地方政府作为地方教育事业发展的承担者，对地方高校教育实践基地建设多重视不够。就目前来看，教

育实践基地在评价标准、评价内容与评价方式等方面存在着重形式轻实质的现象。

3. 新建地方本科师范院校教育实践基地建设的措施

（1）增加经费投入，完善教育实践基地建设

地方政府要充分认识到教育实践基地建设在师范生培养方面的重要作用，认识到师范生的培养质量不仅关乎师范院校的生存发展，而且直接关系到本地区未来基础教育师资的质量。因此，地方政府应主动作为，把保障师范院校的发展纳入职责范围，大力支持新建地方本科师范院校的建设，加大对师范院校教育实践经费的支持力度，建立教育实践基地建设专项资金，支持和鼓励中小学校积极投入实践基地建设，保障师范生教育实践活动的顺利开展。

（2）加强实践"双导师"师资队伍建设，强化教育实践基地保障

制定实践指导队伍的遴选、责权、管理和评价等系列制度，强化导师队伍建设，导师的遴选要注重师德，选择业务精湛和指导能力强的教师。明确规定"双导师"各自应承担的指导任务，责权明确。加强指导教师的管理，定期开展导师业务培训，将指导实习计入指导教师工作量。严格指导教师的考核评价，确保指导效果。高校与基地学校联合打造"双师型"队伍，高校指导教师通过到基地学校锻炼实践，熟悉中小学校的教育教学状况，掌握基础教育教师需求，为培养师范生的素质和能力奠定基础，同时，高校可以聘任基地骨干教师和优秀教师作为兼职教师，培养师范生的教育教学技能；基地学校教师可以通过与高校教师联合开展项目研究，提升科学研究能力与素养，实现师资力量共享。

（3）确立遴选标准，建立科学评价机制，促进教育实习基地建设

地方政府应履职担当，充分发挥教育事业组织者的作用，与师范院校、中小学校三方共同协商，制订师范生实习基地的标准，严格遴选制度，确保教育实践基地的质量。地方政府及相关教育行政部门要切实发挥主导和引领作用，根据师范生培养要求，协调三方共同制定教育实践基地建设标准，建立教育实践基地的评价机制，促进教育实践基地规范建设，保障师范生培养质量。

第六章
新建地方本科师范院校
人才培养质量保障监控与促进系统

    在现代高等教育质量保证体系内，高校的内部的自我管理与监控起着基础性、根本性的作用。人才培养质量保障的监控与促进系统是指对人才培养活动全过程实施全面质量管理、促进质量达成并提升的系统，该系统的有效运行是以质量目标与标准系统为前提，以指挥与支撑系统为基础。为了对人才培养质量进行有效监控，防止随意性和减少失误，就必须根据人才培养不同环节和内容，确定科学的方法，建立"事前预防、过程控制、事后总结提高"的全过程监控机制，并对人才培养全过程实行动态控制，使培养过程的各个环节都在受控的状态下进行。根据师范专业建设和师范专业认证标准要求，要坚持"学生中心、产出导向、持续改进"的理念，关注学生学习成效，建立基于产出的评价机制和持续改进机制，构建常态化质量监控体系，实现质量保障体系的有效运行，达到学生和用人单位的满意。从人才培养全过程来看，教学过程对人才培养质量起关键性作用。基于此，本章节内容聚焦质量生成的核心过程——教学过程，主要探讨教学质量监测评估系统，包含教学质量信息的收集、诊断、反馈与改进等环节。

第一节　教学质量监控体系

一、质量监控的内涵

质量监控是保障人才培养质量的重要管理过程。人才培养目标任务的完成和效果的达成，主要是通过教学过程来实现，教学质量高低，决定了人才培养的质量，因此，人才培养质量监控的重点是对教学过程的监控。陈玉琨认为质量监控是根据预定的标准，采用一定的方法和手段，对影响教育质量的各个环节进行监测和调控，以确保教育的质和量都能达到预期目标的实践活动或行为，并持续改进不断提高人才培养质量。①黄秋明认为，教学质量监控就是有目的地对教学质量系统进行评价、监督和施加作用，使教学质量达到预期的目的。②贺祖斌认为，教学质量监控是对诸如师资队伍、学生素质、教学设施的水准以及教学管理工作的水平进行监控，及时检测，以便学校领导和教学管理部门及时调整工作，纠正偏差，协调关系，促进各方面充分发挥潜能，确保人才培养的质量达到预期目标。③归纳学者们的观点，教学质量监控是根据人才培养目标和各教学环节的质量标准，运用合适的方法和手段，对教学过程中质量生成的各个环节和影响因素进行监测、诊断、评价、调控等，以确保人才培养质量达到预期目标的管理活动。

教学质量监控体系是在一定的教学质量观和教学目标的指导下，为保证教学质量，依据质量标准或指标体系，调解和控制教学活动的手段、方法和机构、制度的总和。④构建人才培养质量监控体系的根本目的在于，保证和改进

---

① 陈玉琨. 论发展性高等教育的质量保障［J］. 国家高级教育行政学院学报，2001（5）：11-14+22
② 黄秋明. 高等学校教学质量监控与评价体系研究[J]. 吉林工程技术师范学院学报，2003（10）：19-24
③ 贺祖斌. 高等学校外部教学质量保障体系中评估中介机构的建立[J]. 理工高教研究，2003（6）：34-36
④ 李朝晖，任志萍，钟英. 新建本科院校教学质量监控体系构建的探索[J]. 乐山师范学院学报，2006
　（11）：56-59

教学质量，通过一定的制度和方法，规范人才培养过程中的教学和管理服务行为，促进和保证教学质量不断提高。"保证"涉及所有影响人才培养质量的因素：

一是办学条件方面的保证，具体包括办学经费、教学仪器设备、图书资料、教学场所等基本办学条件的保证。二是师资条件的保证，包括师资的数量和质量的保证。三是教学基本建设的保证，具体包括学科专业建设、课程建设、教材建设、实践基地建设、学风建设、教学相关规章制度建设等方面的保证。四是教学管理的保证。教学管理的本质是协调教学系统的有效和高质量运行，通过收集质量信息—反馈信息—处理信息等程序，及时发现人才培养各环节存在的问题和不足，通过发挥组织系统的功能，促使各部门有效沟通与协作，以便于高质量达成既定教学目标。五是教学研究与改革保证，研究教学问题，不断深化教学改革是推动教学质量提升的重要举措。

从全面质量管理理论的角度来讲，本研究认为，广义上，人才培养质量监控体系与内部质量保障体系具有外延上的一致性，具体包括质量监控的目标系统、组织管理系统，制度系统、监测评估系统，持续提升系统等子系统，构成了"目标—标准—评价—反馈—改进"闭环循环大系统，各子系统对保障人才培养质量都有十分重要的作用。对教学质量实施常态化监测与评估是质量监控的主要手段和方法。

二、新建地方本科师范院校构建教学质量监控体系的基本要求

构建人才培养质量监控体系是一项涉及"招生—培养—就业"全过程的复杂系统工程，新建地方本科师范院校应坚持用系统科学和全面质量管理的理念来统筹教学质量监控体系建设，构建对教学过程各环节进行监督和控制的工作体系和运行机制。

1. 树立全面质量管理观，构建"三全"监控体系

从全面质量管理角度来看，新建地方本科师范院校教学质量应构建"全员参与、全过程、全要素"的"三全"监控体系。"全员性"指全体师生员工，都

是教学质量监控的参与者和责任人。教师、学生以及管理人员既是管理和监控的对象，又是实施监控的主体。"全过程"指人才培养活动从"招生—培养—就业"的每个环节都有质量的要求，任何一个环节出现问题和偏差，都会对结果造成影响，要求监控体系必须贯穿教育教学活动的全过程，尤其要对影响教学质量的各个关键点实行重点监控，包括教学计划的制定、教学大纲的编制、课堂教学实施、课程考核评价等方面实施常态化监控等。要形成提前预防、过程控制、事后总结提高的全过程动态控制机制，使教学过程的每个环节不断改进并形成良性循环，从而保证和不断提高教学质量。"全要素"指影响教学质量的因素众多，包括教学资源、教学基本建设、教学管理、教学环境、教学效果等诸多方面，这些因素相互联系、相互影响、相互作用，构成一个不可分割的有机整体，共同对教学质量发生作用。①

2. 建立健全教学质量监控的制度系统，保障监控体系的有效运行

教学质量监控制度建设是教学质量监测工作开展的前提，也是实施教学质量管理的基本依据和保证。为规范工作程序，使质量监控工作有章可循，必须完善教学质量评估制度、监测评价制度和持续改进制度，并形成自我完善和优化的制度建设机制，为教学质量监控体系的正常运行提供可靠的保障，这也是实现质量管理科学化和规范化最重要的基础工作。质量监控制度体系包括培养方案定期修订评审制度、课程建设与评价制度、专家委员会制度、教学督导制度、教务管理制度、教学工作监测制度（包括课堂教学质量评价制度、实践教学质量评价制度、学生评教与教师评学制度、考试质量分析制度、教学文件建设）、教学激励与约束制度等方面的内容。

3. 建立激励与约束并举的奖惩机制，激发师生质量自觉意识

教学过程包括教师的教学过程和学生的学习过程，质量建设的主体责任人分别是"教师"和"学生"。教师对选择和组织教学内容、改进教学方法、设计和调控教学活动、收集和反馈教学信息等方面负有主要责任；学生是教学信息的接受者，是学习活动的主体，具有主观能动性，由于大学教学具有自学、

---

① 吴跃章.新建本科院校教学质量监控体系的构建[J].江苏高教，2005（06）：82-84

自理、自动和自制的特点，学生的主体作用的发挥程度对教学质量结果具有重要影响。因此，要有效运用激励和约束机制，激发师生质量自觉的意识，充分调动教师和学生在教学质量建设中的积极性，发挥师生的主观能动性，使"搞好教学、努力学习"成为师生的共同需求，从内心深处产生认真教与主动学的自发动力，从而将外在强制性转化为自我控制的内在动力。

4. 理顺"管、办、评"权责关系，提高质量管理效能

教学质量监控体系的实施要明确"管、办、评"权责关系，才能保证监控工作的有效运行。在学校党政领导下，教务处对学校教学工作的宏观管理和协调负主要责任，担负"管"的职责，主要对学校教学工作进行布置、管理、检查、指导和服务等。具体负责制定学校教学管理各项规章制度，对各项教学工作基本规范提出相关要求，对教学实施或运行情况进行管理和指导，并定期对相关制度落实情况进行检查和指导，确保学校教学目标的贯彻落实；具有对监控、评价、评估中发现的问题进行整改和建设的指导职责。院（系）教学单位对教育教学质量保障和常态监控工作负主体责任，担负"办"的职责。具体负责专业与课程建设、教学运行、管理、条件配置和师资队伍建设等工作；负责教学质量的自我监控；负责学生学习状态与效果的评价；具有对监控、评价、评估中发现的问题进行整改和建设的落实职责。教学质量监测（或评估）部门，对学校的教育教学质量和教学管理工作行使督查、监测、评价、诊断等职能，担负"评"的职责。通过对人才培养主要环节工作实施情况的监督及教学活动全过程、全要素的评价等工作，旨在为学校领导、职能部门和教学单位的科学决策、宏观调控、分类指导提供客观依据。

第二节　教学质量监测评估系统

高等学校的教学质量监测评估是学校为保证和促进教学质量提升而采取的重要举措，也是教学质量保障工作的重要内容。主要对教学质量生成的主要环节和过程开展检查、监督、诊断评价、调控纠偏等一系列活动。它是一个由质量信息的收集、诊断、反馈、改进等环节构成的完整闭环系统。

一、教学质量监测、评价与评估的内涵

教学质量监测评估作为高等学校加强教学建设和质量监督，深化教学改革，健全质量保障机制，促进教学质量提高的重要手段，已经越来越受到重视。早在2001年教育部印发的《关于加强高等学校本科教学工作提高教学质量的若干意见》中明确提出"政府和社会监督与高校自我约束相结合的教育质量监测和保证体系，是提高本科教育质量的基本制度保障"，"要建立健全教学质量监测和保证体系""高等学校要根据新世纪人才培养的要求，不断深化教学管理制度的改革，优化教学过程控制；建立用人单位、教师、学生共同参与的教学质量内部评估和认证机制"；[1]2010年教育部发布的《国家中长期教育改革和发展规划纲要（2010—2020年）》中提出"建立以提高教育质量为导向的管理制度和工作机制，把教育资源配置和学校工作重点集中到强化教学环节、提高教育质量上来""完善督导制度和监督问责机制、健全教育督导制度"等要求；[2]2018年教育部《关于加快建设高水平本科教育 全面提高人才培养能力的意见》明确提出"建设好高等教育质量监测国家数据平台，利用互联网和大数据技术，形成覆盖高等教育全流程、全领域的质量监测网络体系"[3]；2019年中共中央、国务院印发的《中国教育现代化2035》提出"加快形成现代化监测体系，不断推进治理方式变革，实现管理和决策的科学化"[4]。2020年中共中央办公厅、国务院办公厅印发的《关于深化新时代教育督导体制机制改革的意

① 教育部关于印发《关于加强高等学校本科教学工作提高教学质量的若干意见》的通知［EB/OL］. http：//www. moe. gov. cn/s78/A08/gjs_left/s5664/moe_1623/201001/t20100129_88633. html
② 教育部. 国家中长期教育改革和发展规划纲要（2010—2020年）［EB/OL］. http：//www. moe. gov. cn/srcsite/A01/s7048/201007/t20100729_171904. html
③ 教育部. 关于加快建设高水平本科教育全面提高人才培养能力的意见［EB/OL］. http：//www. moe. gov. cn/srcsite/A08/s7056/201810/t20181017_351887. html
④ 中共中央，国务院. 中国教育现代化2035. ［EB/OL］. http：//www. gov. cn/zhengce/2019-02-23/content_5367987. html.

见》强调"完善评估监测指标体系，加强对学校教师队伍建设、办学条件和教育教学质量的评估监测。大力强化信息技术手段应用，充分利用互联网、大数据、云计算等开展督导评估监测工作"[①]；2020年中共中央、国务院印发《深化新时代教育评价改革总体方案》要求"构建政府、学校、社会等多元参与的评价体系，建立健全教育督导部门统一负责的教育评估监测机制。完善评价结果运用，综合发挥导向、鉴定、诊断、调控和改进作用"[②]。国家层面出台的这一系列政策充分说明了质量监测与评估在教学质量保障方面的重要意义。

（一）教学质量监测

所谓"监测"，在管理学上有不同角度的认识，有学者认为"监测是对输入、产出、干预措施等过程要素信息的常态收集和持续跟踪，它指向项目实施的过程"[③]。"监测以事物发展的'状态'为对象，意在反映系统的诸要素及其相互关系在特定时间的存在方式和表现形态，包括规模、速度、质量、结构、效益等内容"[④]。"监测本身也是一个微观评价过程，通过持续地采集过程中，发现指标项点的合理与否，发现采集项点的结果好坏，直观地发现问题，从而提出相应的改进意见和办法"[⑤]。还有学者认为监测是一种微观管理手段，并指出它的两个作用："一是定期收集指标数据，对标规划或预期目标，经与预期目标或参考值进行对比，检查各类项目、计划、政策等的进展完成和落实情况；二是通过对活动的监测，及时发现并识别问题，总结经验教训，提出改进意见和办法"[⑥]。综上观点，研究者对"监测"的看法有一致性，即监测是为某一目的进行信息的收集、跟踪、评价与改进。

① 中共中央办公厅 国务院办公厅印发《关于深化新时代教育督导体制机制改革的意见》[EB/OL]. http://www.gov.cn/zhengce/2020-02/19/content_5480977.htm
② 中共中央、国务院印发《深化新时代教育评价改革总体方案》[EB/OL]. http://www.gov.cn/zhengce/2020-10/13/content_5551032.htm
③ 王战军，王永林. 监测评估：高等教育评估发展的新图景[J]. 复旦教育论坛，2014（02）：5-9
④ 王战军，杨旭婷，刘静. 监测之于世界一流学科建设：合理性及其价值[J]. 国家教育行政学院学报，2021（06）：35-44
⑤ 孙膑. 铁路货运服务质量监测评价体系研究[D]. 北京交通大学，2018：52-55
⑥ 汪静. 区域循环经济发展动态监测评价研究[D]. 长沙理工大学，2009：30

教学质量监测本质上是"监测"概念的具体化，是对教学活动质量状态的监控过程。它是监测者通过一定的手段，关注教学过程中各项核心要素的基本情况和常态化的发展表现。对教学活动中影响教学质量的主要因素进行调节、监督和控制，使其达到最佳状态，实现教学目的的过程。[①]

教育质量监测着眼于教育系统的整体质量，以促进教育发展为根本目标，通过建立监测制度，动态、实时、全面地收集教育系统的数据信息，为教育行政部门出台教育政策、调整教育利益分配等提供证据，推动教育治理的科学化发展。在国际教育领域中，监测的指标体系已从单一的学生学业成就转向多维的教育系统运行样态。[②]

（二）教学质量评价

"教育评价"的概念最早由泰勒提出，他指出，教育评价是通过一定的方法手段，对教育活动达到或接近预定教育目标的程度的衡量过程，是根据预定目标对教育结果进行客观描述，因此，明确教育应达到的目标是开展教育评价的前提。现代教育评价诞生后，教育评价的内容从教育测量扩大到关注课程、教学过程等方面，评价的功能从选择、认证为主转向强调诊断、反馈，成为考查教育效果和促进教育改革的重要手段。[③]我国学者认为高等教育质量评价是"依据高等教育目标，利用一切可利用的评价技术和手段，系统地收集信息，并对教育效果给予价值上的判断，为做出决策、优化教育提供依据"[④]。相似的表达如教学质量评价是依据一定的教学目标，通过系统地收集信息，对教学过程中的人和事进行科学的价值判断的过程，被认为是实施教学质量监测的基本方法。[⑤]

高等教育质量监测与评价在质量监控体系建设中，是两个不可分割的概念，具有一体性和延续性。监测本质上属于教育评价的范畴，承载着教育评价

---

① 王悦音，李灵.试论高等学校教学质量监测[J].现代教育科学，2002（03）：47-48
② 高洁，方征.评价、评估、考核、监测：教育评价若干同位概念辨析及启示[J].教育发展研究，2022（19）：75-84
③ 王萍，高凌飚."教育评价"概念变化溯源[J].华南师范大学学报（社会科学版），2009（4）：39-43
④ 史秋衡.高等教育评估[M].贵阳：贵州教育出版社，2004：6
⑤ 王悦音，李灵.试论高等学校教学质量监测[J].现代教育科学，2002（03）：47-48

与教育监督的功能，质量监测过程中必然包含着质量的诊断与评价。因此，广义上的监测过程包含质量信息的收集与诊断评价两个阶段。质量信息的收集过程，为评价奠定了基础，诊断评价是监测的手段和方法，是对监测信息的概括与分析诊断，是对监测结果依据一定的标准进行的价值判断。

（三）教育质量评估

所谓"评估"是指依据某种目标、标准、技术或手段，对收到的信息，按照一定的程序，进行分析、研究，判断其效果和价值的一种活动，有评价、估量、测算等含义。评估是将项目实施的结果与预定目标进行比较，对达到预期目标的程度做出价值判断，它极少涉及对活动过程和干预措施效果的评价。[1]

"评估"与"评价"两个概念在日常工作中经常交叉使用，而且在一些政策文本、行政文件等内容中也常混同使用，两个概念都有"价值判断"之意。在《汉语大辞典》中，"评估"是指"评价与估量"，"评价"是指"评定价值高低；评定的价值"，在词义上两者非常接近，都有衡量事物价值的意思。另外，"评估"又具有"估量"的含义，其价值评定是一种"大概大致如此"的揣测、推测、估计与估量，不是"绝对必然如此"的精确测定、计量。因此，"评估"包含了"评价"的含义。"评估"的概念范畴比"评价"更大，其不但包含了"评价"概念的核心——价值判断，而且更加关注获得判断依据的过程、完成判断之后的反思与改进过程、评估过程中与被评对象的交互作用。[2]监测与评估的内涵虽有不同，但现实中往往笼统地将二者看作一个过程的前后两个阶段，认为监测在前，以收集质量信息为主，评估在后，主要对监测收集的质量信息进行分析诊断，监测过程中也带有一定的分析判断成分。

在教育领域，由于教育活动涉及静态和动态诸多要素，且过程复杂，在实施评价的过程中，由于部分要素和活动的价值通常是难以进行精确测量的，如教育活动效果、教育设施的使用效率等，"评"的结果不可能绝对精确且一致，

---

[1] 王悦音，李灵.试论高等学校教学质量监测[J].现代教育科学，2002（03）：47-48
[2] 冯晖.教育评价与教育评估辨析[J].上海教育评估研究，2022（05）：26-30

一般是由同行专家主观"估量"完成的，因此，教育评价实际上也隐含有"估量"的含义，一些学术文献和工作实践中经常出现"教育评价"和"教育评估"通用的情况。

教育评估是指依据教育目的和具体的教育目标，由一定的组织和机构，按照指标体系要求和价值标准，系统地收集教育信息并进行定性、定量分析，从而对教育系统的功效和工作状态作出评议和估价的过程。我国教育领域一般将评估作为政府监管学校办学实践以及管理决策的重要方式和实施教育质量保障的重要手段，因此，在宏观层面通常采用"教育评估"一词。对于体系、制度、政策、理论、方法等宏观层面而言，"评估"与"评价"均可替换使用，如评估体系/评价体系、评估制度/评价制度、教育教学质量评估/教育教学质量评价、学校办学水平评估/学校办学水平评价等。

从评估实施的主体上，高等学校质量评估包括外部评估和内部评估。外部评估可理解为来自高校外部的组织或第三方评估机构，按照国家层面的要求，以高校的人才培养工作为对象，关注学校教育教学质量的提升，对反映高等教育发展状态的基本数据进行监测分析，并对存在的问题、潜在的风险以及未来的趋势做出系统分析和预警。我国高等教育领域开展的教学基本状态数据常态监测、院校评估、专业认证及评估等都属于外部评估的范畴。内部评估是由高校根据教育质量建设的需要，依据人才培养目标和各环节质量标准，自己组织开展的自我评估，属于高校内部教育质量保障体系的范畴。

（四）监测评估

新时代随着我国高等教育改革发展的不断深入，高等教育系统呈现越来越复杂和开放的特点，传统的以静态性、终结性和周期性为特点的评估已经不能适应高等教育内涵发展的要求。尤其是《深化新时代教育评价改革总体方案》的实施，对高等教育评估提出了新要求，要求"坚持科学有效，改进结果评价，强化过程评价，探索增值评价，健全综合评价，充分利用信息技术，提高教育评价的科学性、专业性、客观性"。①监测评估是顺应当代教育评估发展趋势而提出的一种评估新形式、新构想。

监测评估是对高等教育活动和行为状态进行监控、诊断、评价的过程，强调教育活动实施过程中各要素状态信息、活动过程、活动结果同预定目标或计划的吻合，并对教育活动是否按照预定的计划执行、向预定目标靠近等做出监控、预警和修正，从而确保教育目标的有效实现。因此，它是一种诊断性、动态性和面向未来发展的评估，体现评估活动的持续性和动态性。

肖红缨等在综合前人研究的基础上，提出高等教育监测评估是利用现代信息技术等手段，对高等教育有关活动、措施、环境、资源等要素状态信息进行持续收集、动态跟踪、客观描述并及时反馈、深入挖掘和分析，直观呈现高等教育运行状态或发展趋势的过程。②宋刚锋也提出了相似的概念，认为高等教育监测评估是以预定的教育目标为依据，以追求持续改进目标，运用现代信息技术和大数据技术对高等教育过程中的要素实施监测，对教育活动是否按目标要求进行监控、诊断和反馈，直观呈现高等教育的规模、速度、质量、结构、效益等状态，为多元主体价值判断和科学决策提供客观依据，促进教育目标高质量完成。③

从上述概念来看，监测评估是监测与评估有机统一的概念，凸显了评估注重系统性、过程性、动态性、实时性、反馈性、持续性、发展性的特点。相较于水平评估、合格评估等传统的评估，具有如下的特点：一是评估的视角由"注重结果、回顾历史、分析判断"向"注重过程、评判现状、改进提升"的转变。监测评估始终贯穿于教育活动实施的全过程，更加注重结果与目标的一致性，重视对现状的分析，强调教育活动实施过程和各要素的表现状态同预定目标计划的一致性。二是评估的功能由注重"认知、鉴定、监督、管理"向"引

① 中共中央 国务院印发《深化新时代教育评价改革总体方案》_中央有关文件. 中国政府网. http://www.gov.cn/zhengce/2020-10/13/content_5551032.htm
② 肖红缨，乔伟峰，王战军. 高等教育监测评估的哲学审视[J]. 中国高教研究，2015（02）：38-45
③ 宋刚锋. 新时代高校加强质量监测评估的路径探索[J]. 高教学刊，2021（36）：46-49

导、发展、改进、提升"的拓展和转变。监测评估的目的在于纠偏并促进改进。通过监控教学工作状态和教育活动进展，对实际执行与预定计划之间存在的偏差进行鉴别，及时修正活动偏差，查找教育活动成败的原因，对潜在的风险做出预警提示，改进实施计划与决策，促进目标的有效达成。三是评估的主体由"以外部专家为主向利益相关者等多元主体"转变。强调要将学生、用人单位等所有的利益相关者作为评估的主体参与其中，强调各评估主体之间的平等交流和互动协商。①

二、监测评估的基本理念

（一）坚持立德树人正确评价方向和导向

习近平总书记在2018年全国教育大会上的重要讲话深刻指出，"培养什么人，是教育的首要问题。我国是中国共产党领导的社会主义国家，这就决定了我们的教育必须把培养社会主义建设者和接班人作为根本任务，培养一代又一代拥护中国共产党领导和我国社会主义制度、立志为中国特色社会主义奋斗终身的有用人才。这是教育工作的根本任务，也是教育现代化的方向目标。"②"坚持把立德树人作为根本任务""要把立德树人融入思想道德教育、文化知识教育、社会实践教育各环节，贯穿基础教育、职业教育、高等教育各领域，学科体系、教学体系、教材体系、管理体系要围绕这个目标来设计，教师要围绕这个目标来教，学生要围绕这个目标来学。凡是不利于实现这个目标的做法都要坚决改过来。"③习总书记的重要讲话为新时代教育工作改革指明了方向，提供了根本遵循。

2020年，中共中央、国务院印发的《深化新时代教育评价改革总体方案》

---

① 王战军，王永林.监测评估：高等教育评估发展的新图景[J].复旦教育论坛，2014（02）：5-9

② 新华社.习近平在全国教育大会上强调 坚持中国特色社会主义教育发展道路 培养德智体美劳全面发展的社会主义建设者和接班人[J].党建，2018（10）：4-6

③ 习近平：坚持中国特色社会主义教育发展道路 培养德智体美劳全面发展的社会主义建设者和接班人--新闻报道.人民网.http://cpc.people.com.cn/n1/2018/0910/c64094-30284598.html

中将"全面贯彻党的教育方针，坚持社会主义办学方向，落实立德树人根本任务"作为教育评价改革指导思想的重要内容，提出"要改进学校评价。坚持把立德树人成效作为根本标准"，[1]坚持把师德师风作为教师评价的第一标准，推进教师践行教书育人使命；坚持将以德为先、能力为重、全面发展作为学生评价的标准；在学校管理、学科建设等学校各项活动中，要把立德树人成效置于首位，放在中心。

（二）坚持从传统的总结性评估转向常态化监测评估

传统评估是基于对高等教育过去一定时期运行情况和结果数据进行的总结、回顾、分析、检查、确认和判断，是一种事后评估、静态性和结果性评估，具有滞后性、长周期性等不足。[2]这种评估本质上属于事后总结性评估，由于存在滞后性，评估的结果只是对过去状态的反映，对当时存在的问题难以及时纠错，对高等教育发展的现实状况难以及时体现。而常态化监测评估则避免了滞后性的问题，通过信息技术手段极大地缩短数据采集、更新及评估的时间，直观呈现了高等教育活动和行为实时状态，突出了评估活动的持续性和动态性，对教育教学活动做到了及时发现问题，及时得到处理和改进。

在师范专业认证指标体系中，对教学质量保障体系建设明确提出"专业要围绕课程建设、课堂教学、教育实践等主要教学环节，建立覆盖教学设计、实施和评价全过程的教学质量常态化监控机制"等要求，结合教学质量的生成具有持续性、过程性和实时性特点，监测评估要对高等教育存在和发展是否满足或如何满足社会发展需要和个体成长成才需要的过程或结果进行常态监测。

（三）坚持从基于问责的结果评价转向基于信任的过程评价

在评价思想上，要从问责转向信任。我国高等教育领域早先基于绩效问责

---

① 中共中央 国务院印发《深化新时代教育评价改革总体方案》_中央有关文件. 中国政府网. http://www.gov.cn/zhengce/2020-10/13/content_5551032.htm
② 肖红缨，乔伟峰、王战军. 高等教育监测评估的哲学审视[J]. 中国高教研究，2015（02）：38-45

的外部评价，将被评对象排除在评价过程之外，希冀通过政府对高校问责和激励来解决高等学校的发展动力问题，引导学校的发展方向，应该说，这种评价方式从总体上促进了我国高等教育的快速发展，但经过20多年的演变，其所带来的消极效应，也日益凸显，对于高等教育发展而言，评价和问责其实都只是促进发展的手段，但是在评价过程中过于倾向"问责"，忽略了评价是为了"促进发展"的评价目的，导致人们对评价活动的关注远胜于对建设活动的关注。

在评价体系上，要从注重结果评价转向过程评价转变。"结果评价"是基于发展目标的检验性评价，注重对发展目标达成度和符合度的评价。"过程评价"也称为"形成性评价"，是基于发展的诊断性评价，以促进发展为目标，注重对实施过程与目标达成度关系进行分析和评价，对评价结果的形成原因、存在问题等进行全面分析诊断，提出相应的改进措施。同时，还要重视增值评价，即对评价对象所取得的发展成效和进步程度的评价，关注评价对象自身的纵向比较和改善提高，也是针对其发展过程的一种评价。因为只有对评价对象的努力程度和改善提高进行评价，才符合"以评促建"的评价思想。否则，评价对象就看不到努力的成效，就会丧失发展信心，丧失参与评价的积极性甚至抵制评价。[①]

（四）坚持为持续改进、科学决策与多元判断服务的目的导向

任何监测评估活动都要明确"为什么监测和为谁服务"的问题。美国著名教育评估专家斯塔弗尔比姆指出：评估最重要的目的不是为了证明，而是为了改进。[②]高等教育质量监测与评估的目的在于通过持续监测教育教学活动开展情况，及时发现存在的问题并进行分析诊断，进而修正活动偏差，推动教学活动持续改进和质量的提高。同时，为进一步深化教育教学改革、加强高等学校内

① 张应强，赵锋.从我国大学评价的特殊性看高等教育评价改革的基本方向[J].江苏高教，2021（02）：1-8
② 乔刚，李芬.监测评估：高等教育评估的新理念[J].高教探索，2016（11）：16-20

涵建设提供科学决策和多元价值判断服务。

为此，在监测评估工作中，一是要做到及时反馈信息，服务持续改进。改进的可能性和有效性取决于信息反馈的及时性和持续性，这就要求对部分信息做到定期或实时采集并进行状态分析，发现异常、预测趋势、促进改进。二是要关注系统变化，服务科学决策。在新的时代背景下，高等教育系统与政府、社会、市场等外部环境联系日益紧密、复杂，这就要求高校的决策者和管理者必须具有系统思维和战略眼光，既要关注教育系统内部状态的变化，也要关注教育系统外部环境的变化，洞察社会变革、市场竞争、行业发展、政策变动等外部因素对高等教育的影响，因此监测评估应该是一个开放、动态、连续、实时的过程。①

四、新建地方本科师范院校构建质量监测评估体系的举措和路径

高等教育监测评估最终的目的是促进社会的发展和人的发展，监测评估的作用就在于通过一定的技术方法，依据一定的标准对高等教育各个方面的运行状况进行实时观察、分析和呈现，评估自身存在状态和发展趋势。新建地方本科师范院校在质量保障的实践中，要紧密对标师范专业建设要求和师范专业认证标准，协调和理顺"管、办、评"三者的关系，围绕"谁来监测""监测什么""怎么监测"等问题，强化质量保障体系建设，开展全过程、全方位、实时性、常态化、连续性的监测评估工作。

（一）健全学校—学院—专业三级组织机构，落实监测评估常态化职责

学校层面，明确教学基本状态和教学质量监测的领导机构。其成员一般由学校主管教学工作的校领导、教务处和质量监测评估相关部门的负责人组成，其职责是组织制定教学管理相关制度，制定教学质量监控总体方案，明晰责任

---

① 王战军，乔伟峰，李江波. 数据密集型评估：高等教育监测评估的内涵、方法与展望[J]. 教育研究，2015（06）：29-37

人职责，组织学校职能部门和各二级学院开展质量监测评估等工作。明确教学状态数据常态化收集的相关管理责任人职责，根据学校和上级要求定期制定和发布教学质量监测报告。

学院层面，建立教学质量常态化监测工作组，成员由学院领导、各系负责人和教学督导组成。主要工作内容是落实学校层面监控相关制度和要求，指导并规范学院内各专业的常态化监测工作的实施，担负质量整改和持续提升工作职责。建立由专家、骨干教师、学生共同参与的院级教学督导队伍，开展学院常态化质量监督检查。

专业层面，明确监测工作负责人，其职责是在学院的领导下，根据学校层面质量监控相关制度要求，制定实施细则并落实具体监测工作。包括开展对教师的教、学生的学的过程的日常监督检查等工作，负责搜集学校层面教学质量常规和专项检查、教学督导和学生信息员对教学工作的常态化反馈信息并落实整改责任。

（二）围绕质量建设核心要素，明确质量监测评估内容

宏观层面上，人才培养质量监控关注的主要内容包括学校办学理念、培养目标、制度安排、活动设计、课程规划、教学效果和运行过程等是否遵循了高等教育发展的内在逻辑，是否遵循了人才成长的规律，满足了教师、学生等利益相关者的个性化、多样化需求。

微观层面上，聚焦质量建设主要环节——教学环节，主要针对教学基本建设、教学实施状况和教学运行管理情况等三个方面开展监测评估。教学基本建设包括学科专业建设、师资队伍建设、人才培养方案制订、课程与教材建设、实践教学基地建设、管理制度制定等内容，它们是教学质量建设的重要基础，教学实施主要包括教师的教和学生的学的过程，"教师的教"包括教师授课方案、课前准备、课堂教学情况、教育思想观念，教学方式方法，课后辅导、作业布置与批改以及课程考核总结等内容；"学生的学"主要包括学生学习状态、课堂听课表现、学业水平、学习效果及满意度等内容。教学运行管理方面监测

评估的内容包括教学管理组织机构是否健全、岗位职责是否落实、教学管理运行规章制度是否健全以及得到了有效的贯彻执行等。

（三）完善常态化监测制度，建立质量监测评估机制

制度建设是开展监测、健全体系的基础和前提，常态化的监测制度是质量监控体系有效运行的基本保障。针对人才培养主要环节，基于教学质量持续提升，着力构建以下管理运行的约束机制、教学常规的监督机制、常态化自我评估机制、及时全面的反馈机制、持续提升的改进机制、激励帮扶问责等六个方面的评估机制。

1. 管理运行约束机制

在学校教学质量管理与教学活动中，牢固树立教学中心地位和教学质量第一的自觉意识，形成自我约束、自我规范的机制，针对教师、学生、教学管理人员建立约束机制，包括：制定教师职业道德规范、教学工作规范、教学事故处理办法；制定学生管理办法、学风管理制度、招生质量管理办法；教学管理岗位职责、制定教学运行管理及检查工作流程、实践教学管理工作流程、教学督导工作办法等。

2. 教学常规监督机制

建立由学校领导、职能部门领导、学院领导、教研室主任、骨干教师、教学督导员和学生信息员等组成的教学质量监督队伍，通过开展教学工作常态化监督检查、听课评课活动，规范教学活动和师生行为，改进教学工作，促进教学质量持续提升。监督机制主要包括：制定专业人才培养方案修订制度、教学计划执行情况检查制度、教学工作常规检查制度，即期初教学准备环节、期中课堂教学运行环节和期末考核环节三段式常规检查制度；学校领导、教学管理人员、专家、同行教师听评课制度，学生评教制度、学生学习满意度调查制度、教研室活动制度，包含实验、实训、实习等在内的实践教学督导制度等内容。

3. 常态自我评估机制

自我评估是高等学校基于学校培养目标和自身发展需要，自我发现、自我

诊断、自我反思和自我改进的过程，是高等学校找准自身发展定位、形成办学特色、奠定人才培养优势、提高人才培养质量的主要途径和手段。高校树立质量自省、自觉和自律意识，建立教育教学常态化自我评估机制对深化内涵建设，促进学校办学质量和水平提高具有十分重要的作用。教学工作与质量常态自我评估包括：专业建设与质量评估、课程建设与质量评估、实验室建设与实验教学质量评估、实习基地建设与教育实习（见习）质量评估、课堂教学质量评价、毕业论文（设计）质量评价、就业质量常态化监测制度等。[①]通过自我评估，达到以评促建，以评促改的目的。

4. 及时全面反馈机制

为了全面掌握教学状况，了解和解决教学过程中的问题，必须全方位及时搜集教学过程中的质量信息，建立起信息渠道通畅的反馈机制，将发现的教学质量偏差和问题及时进行反馈，以避免偏差和失误给工作带来的损失。信息反馈的目的就在于推进学校持续提高教学质量，实现学校发展目标。"及时"在于监测中发现的教学质量问题需要及时止损，立行立改，事后可能会失去信息的价值。"全面"在于反馈信息要全面反映事物的情况，绝不能以点代面、以偏概全、影响决策的科学性。包括：建立课堂教学质量评价反馈制度，建立督导和学生教学信息员的教学信息收集与反馈制度，建立课程考核成绩统计分析与反馈制度，建立毕业论文（设计）审查反馈制度，建立毕业生跟踪调查与信息反馈制度，建立各类常态化监督检查、专项评估等反馈制度，建立人才培养质量反馈调控制度。

5. 持续提升改进机制

建立质量信息反馈和评价结果的利用制度，畅通达成度评价、教学检查、师生满意度调查、利益相关方评价等质量信息收集与反馈渠道，建立信息和评

[①] 黄大乾，罗锡文，陈羽白，等.构建高校教学质量监测和保证体系的思考与实践[J].华南农业大学学报（社会科学版），2002（01）：84-89

价结果的利用，推进持续改进和质量提升。包括通过对人才培养内外需求吻合度调研，建立学校培养目标和人才培养方案定期修订制度；建立教学改革的机制，促进人才培养模式改革，以及教师的教和学生的学的改进；建立师资及教学资源的合理流动和调配机制，促进资源合理配置和效率提高；建立自我完善、自我约束的教学质量监控体系等。

6. 激励帮扶问责机制

作为教学质量保障体系的重要组成部分，有效的激励机制能更好地调节教育教学和管理行为，促进教育教学质量提高，对教师认真开展教学工作、学生努力学习、教育管理者认真履职尽责具有积极的促进作用。主要包括：针对检查评价反馈的问题和薄弱环节，制定帮扶和整改措施；实施教学质量与改革成果、人才培养绩效等质量导向的个人和单位激励机制；实施教师考核、津贴分配、岗位和职称聘任与教学质量评价结果挂钩制度；增强各利益主体的质量问责意识，实行教学运行不畅、质量低效等约谈问责机制，实施晋升评优"教学质量一票否决"制度；实施学生综合测评及其他单项学习和竞赛奖励等制度。

（四）采用多元化监测方法和手段，提高监测评估的质量

关于高校教学质量的监测评估方法，目前比较常用的基本的方法归纳起来有三种，即检查、评价和评估。[①]

检查是对教学质量活动进行监督的一种常用方式。主要依据学校教学质量管理目标与教学规范的要求，对教学运行和活动开展情况进行检测与考察，对教学目标与教学效果的达成情况进行综合判断，为优化教学活动和改进教学管理方式提供基本依据。检查方式灵活多样，包括考核、实验操作、座谈、汇报和实地考察等多种方式。如各类常规教学检查、督导日常监督检查、听评课、

---

① 王悦音，李灵. 试论高等学校教学质量监测[J]. 现代教育科学，2002（03）：47-48

课程试卷与毕业论文（设计）抽查、学生能力测试和水平测试、师生座谈等属于这一类。

评价是在教学质量检查基础上的诊断分析。它主要依据预定的教学目标，收集教学活动开展情况的全面信息，并对活动的过程和效果进行科学的价值判断的过程，是对教学活动过程的现状进行诊断。评价的目的在于提出改进建议和措施，以促进教学改革和质量提升，包括评教、评学、评管、评服务、评条件等内容。由于教学过程具有复杂性，因此，教学评价一般是综合评价。如学生、教师、专家等对教师授课质量的评价，一般包括教师的教学态度、教学内容、教学方法和教学手段等多个方面。学生评教体现了"学生中心，产出导向"的理念。教师对学生的评价一般包括学习目标、学习过程、学习效果、学风（学习态度）等方面，实行教师评学，利于教师更好地了解和掌握学生的学习状况，从而有针对性地改进教学，并促进优良学风的形成。

评估是对人才培养活动整体状态进行一种估量性的价值判断，如目前广泛开展的本科教学合格评估、审核评估、专业评估、课程质量评估、学生学业评估、毕业设计（论文）质量评估等。这类评估具有全面性和综合性，评估关注的要素多，内容复杂，常常采取定量和定性相结合、客观统计和主观描述并重的手段和方法，对人才培养活动的状态和效果做出模糊判断，以优化教学活动过程。

第三节　新建地方本科师范院校教学质量监控系统的探索

教学质量监控系统是学校内部质量保障体系的重要组成部分，体现了学校质量保障运行的过程，能有效支撑毕业要求的达成和培养目标的实现。本节主要介绍成都师范学院教学质量监控工作的实践。

成都师范学院转制升本以来，针对本科办学历史短、办学经验欠缺、办学条件和基础薄弱、管理不规范、教学质量保障体系不完善、内部监控体制机制不健全、外部评价缺失、质量持续改进乏力等突出问题，强化质量监控体系建设，学校采取了以下的做法。

一、以"保证-促进-提升"为价值导向，明确"服务-达成-发展"理念

（一）强化质量保障"服务"本质。以追求高质量持续发展为目标，立足为学校教育事业发展服务、为教师专业发展服务、为学生学业发展服务，突出针对性、全程性、实效性，强化保障工作制度化、系统化、长效化，构建和完善"服务—提升型"质量监控与保障体系。

（二）保证培养质量"达成"目标。落实"OBE"理念，围绕"五度三达成"建立质量保障机制，遵循PDCA循环管理模式，开展"目标—标准—评价—反馈—改进"的闭环质量管理实践。

（三）实现保障促进"发展"意图。从关注资源条件满足、制度具备、监控评价等传统保障观，转向更加强调资源配置合理有效性、管理规范性、课程体系与培养目标适应性、教学内容与方法契合性、学生学习体验参与性、师生主体价值与积极性发挥程度等方面的持续提升。

二、围绕"五度三达成"质量底线，构建"保证-促进-诊断"质量管理模式

（一）以服务换支持，保证质量目标达成

针对"招生—培养—就业"全流程，坚持"三全三化三突出"质量保障思路（教学质量的全员参与、全程监控、全面保障，管理制度化、监控常态化、改进持续化，质量管理突出责任主体、突出关键环节、突出学校特色），建立"咨询决策—运行调度—监控评价—资源保障"四位一体的教学质量保障组织系

统，以及由专业人才培养标准（培养方案）、教学环节标准、专业建设标准和教学评价标准构成的质量标准体系。完善招生就业、教学质量管理与监控、师资队伍建设、资源建设等支持制度，强化对招生、课程与教学、实习实践、教学资源、师资等质量全要素服务。

（二）变监控为质量促进，开展多渠道质量信息采集

转变质量监控观念，"监控"由以往的监督、考核、决策咨询等转换为全方位质量信息采集，多角度为教学服务，为质量评价改进提供依据。变"监督功能"为"促进功能"，实现质量"监控"向"治理"的转变。开展"厘源头—查过程—评效果—督改进"全过程常态化监控服务工作（如图6-1所示），"厘源头"保证了人才培养目标和定位的科学引导；全要素、多渠道"查过程"，促进了各环节质量的有效提升；"评效果"关注了教学实施的效果；"督改进"达到了治理效能，推动了质量的螺旋提升。

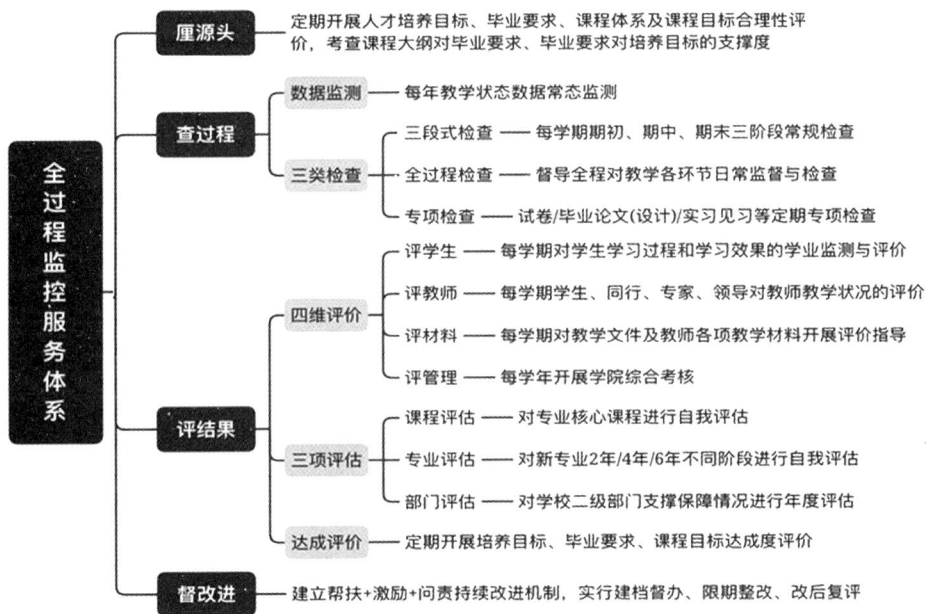

图6-1　常态化全过程监控服务体系

（三）变评价为问题诊断，开展培养效果内外部评价

变结果性评价为诊断性评价，突出"发现问题—分析诊断—提供改进"功能。坚守质量建设底线，以学生中心、产出导向，制定《本科人才培养目标、毕业要求、课程体系及课程目标合理性评价办法》《本科人才培养质量达成度评价管理办法》，建立"三个达成度"评价机制。一方面以毕业要求为核心，建立多维度、逐层递进的评价闭环系统，开展内部诊断，在校内定期开展"面向产出"的课程质量评价以及课程目标、毕业要求、培养目标达成情况评价；另一方面落实学生利益主体地位，开展外部诊断，建立毕业生跟踪反馈机制、用人单位等利益相关方参与的社会评价机制及行业企业专家评价机制，采用问卷、函询、走访座谈等形式，了解毕业生、用人单位、行业发展对人才的需求，为持续改进提供依据（如图6-2所示）。

三、强化保障机制建设，建立"决策–运用–改进"机制

（一）重视质量监控顶层设计，建立质量保障决策机制

一是建立审查—论证机制。树立"促进—发展"意识，结合当前办学环境和发展阶段，以完善学校章程及编制学校"十四五"教育事业发展规划为契机，对学校发展战略及远景目标、办学目标与定位、培养目标、办学条件等进行审查和论证，确保保障工作拟达成目标和使命的科学性与合理性。二是建立"组织—队伍—标准—制度"决策机制。围绕"招生—培养—就业"全过程，着眼总体规划与统筹设计，建立了保障工作的组织结构、队伍、议事程序、标准体系与监控制度（如图6-3所示）。三是建立教学工作联动机制，改变各部门"单兵作战、各自为政"的局面，引入师生参与决策机制。

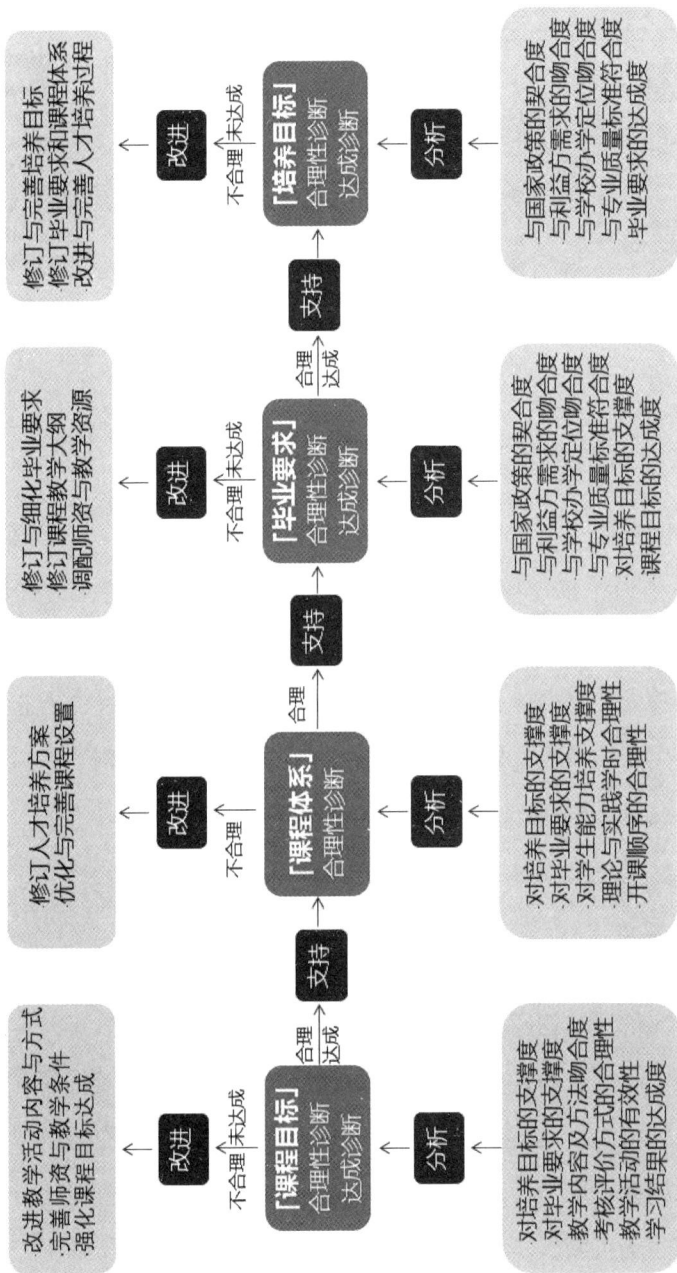

图 6-2　逐层递进的内外部评价系统

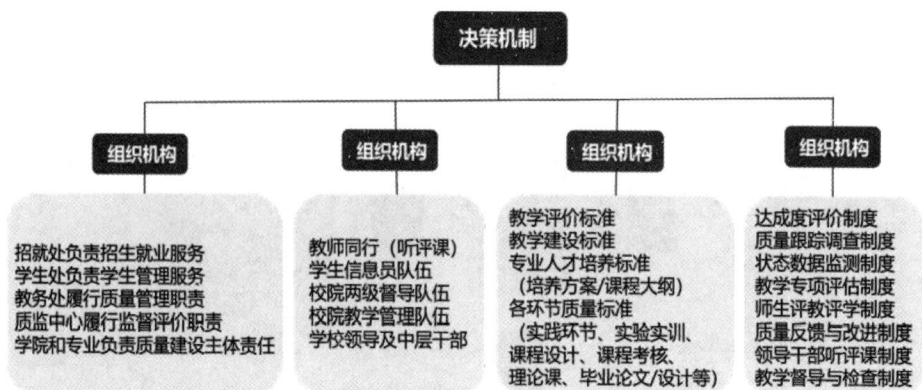

图6-3 "组织—队伍—标准—制度"决策机制

（二）注重信息收集与反馈，建立质量信息和评价结果运用机制

畅通达成度评价、教学检查、师生满意度调查、利益相关方评价等质量信息收集与反馈渠道，建立信息和评价结果运用机制，推进持续改进和质量提升。培养目标的内外需求吻合度评价→修订和完善培养目标；培养目标达成评价→改进与完善人才培养过程，修订专业毕业要求和课程体系；毕业要求达成评价→发现学生能力短板，修订人才培养方案，调配师资及教学资源；课程目标达成评价→发现教学短板，为课程质量改进提供依据。

（三）注重质量提升与持续发展，建立人才培养质量持续改进机制

一是建立"帮扶+激励+问责"持续改进机制，夯实质量持续提升的制度基础。针对检查评价反馈的问题和薄弱环节，制定帮扶和整改措施，实行建档督办、限期整改、改后复评；实施教学质量与成果、人才培养绩效等质量导向的个人和单位激励机制；实施教师考核、津贴分配、岗位和职称聘任与教学质量评价结果挂钩制度；增强各利益主体的质量问责意识，实行教学运行不畅、质量低效等约谈问责机制，实施晋升评优"教学质量一票否决"制度。二是加强教学质量问题研究，引导质量改进。贯彻《深化新时代教育评价改革总体方案》精神，修订科研奖励政策，将教学和科研项目在职称晋升等方面同等对

待，设立教学改革专项经费，资助教师从事课程与教学资源建设、教学改革与管理等方面的研究，解决教学难点和痛点问题，推进质量提升。

四、树立质量自觉意识，推进学校—学院—专业质量文化建设

（一）以管理制度化引导质量自觉

学校颁行《本科教学质量评价与持续改进工作实施办法》《关于加强专业教学质量保障工作的意见》等系列文件，明确质量建设目标与责任；制定《目标考核管理办法》，专门成立督办科，围绕教学中心工作开展各项事务督查督办，提高服务教学意识，实施教学单位年终评优考核"教学质量一票否决"制度。

（二）以达成度强化"学院—专业"质量保障建设主体责任

以人才培养质量达成为核心，强化"促进教师的教和学生的学"的教学过程管理；建立人才培养质量达成评价机制，狠抓培养方案、课程大纲等重要教学文件制定与落实，深入推进达成度评价工作；遴选业务精湛、责任心强的专业老师担任教学督导，提高督导专业性和针对性；组建学生信息员队伍，建立满意度信息常态反馈制度。自省自律、自查自纠的内部质量保障长效机制已然形成。

（三）以教学改革促进质量提高

以"质量工程"为平台，以国家级和省级一流专业等优质专业建设、国家级和省级一流课程、精品资源课、示范课等优质课程建设为契机，积极探索教学方法、手段、模式、评价等方面改革创新。以教学竞赛推动教学方法改革、以教改立项促进教学方法改革、以改革促进质量提高已成共识。

第七章
新建地方本科师范院校质量文化建设

自20世纪90年代中后期，我国普通本科院校数量和招生规模迅速扩张，部分本科地方院校，尤其是新建地方普通本科院校办学基础薄弱、师资力量紧张和办学条件不足的问题日益显现，引发了教育领域对高等教育质量的担忧，并由此推动了高等教育质量保障建设的步伐。在过去的二十多年间，国家层面上高等教育领域先后出台了一系列政策，包括一系列本科教学改革工程项目以及先后启动并开展的本科教学工作合格评估、本科教学水平评估以及本科教学审核评估等工作，同时，积极推动建立了高等教育数据监测、不同领域的专业认证等多种质量保障制度。这些政策的出台和相关举措的实施有力推动了高等学校的教学改革，有效激发了学校内部质量保障建设的意识和促进相关工作的有效推进。回顾我国高等教育质量保障建设的路径，也同样走了西方以"技术标准"为核心的质量保障路线。通过几轮的本科教学评估，高校的质量意识不断提高，在办学投入、师资队伍建设、办学基本条件等方面有了较大改善，许多高校通过成立质量保障机构来加强质量建设，但是这种"标准为王"的质量保障体系也遇到了时代瓶颈，没有达到预期的效果，社会和学生对培养质量的满意度与评估结果质量的反差十分明显。[①]从许多高校的质量管理实践来看，质量监控与管理的推动大多在校级行政管理的层面上，且主要侧重质量监控体系与制度的建设、监控方法与工具的选择、操作程序与技术的推进等方面，并未真

---

① 邬大光.高等教育：质量、质量保障与质量文化[J].中国高教研究，2022（09）：18-24

正深入涉及办学质量的核心问题，其"技术之上"的弊端也逐渐显现。如何破解瓶颈，达到"以评促改、以评促管、以评促建"的目的，显然，在质量持续提升改进上，注重规范化和程序化的"技术路线"有其局限性，在质量保障的初期虽然能够显示一定的优越性，但这种"外驱力量"难以持续和长效。因此，在人才培养过程中，高等院校要致力于建立质量保障的长效机制，积极培育融入学校各部门、深入教职员工所有人内心的质量文化，形成推动学校发展的持久动力。

近年来，高等教育质量文化建设的重要意义得到了普遍的认同，国家层面出台的一系列政策也充分反映了质量文化建设的重要性。2018年教育部发布的《关于加快建设高水平本科教育 全面提高人才培养能力的意见》明确提出了："要加强大学质量文化建设""把人才培养水平和质量作为评价大学的首要指标，突出学生中心、产出导向、持续改进，激发高等学校追求卓越。将建设质量文化内化为全校师生的共同价值追求和自觉行为，形成以提高人才培养水平为核心的质量文化。"[①]2019年教育部发布《关于深化本科教育教学改革全面提高人才培养质量的意见》提出高校"要构建自觉、自省、自律、自查、自纠的大学质量文化，把其作为推动大学不断前行、不断超越的内生动力，将质量意识、质量标准、质量评价、质量管理等落实到教育教学各环节。"[②]2021年教育部印发的《普通高等学校本科教育教学审核评估实施方案（2021—2025年）》，该方案的指标体系中就明确将质量文化列入质量保障指标审核和考察。[③]因此，新建地方本科师范院校内部质量保障体系建设中，要着力质量建设的"内驱力"建设，即包括质量自觉、自省、自律、自查、自纠在内的质量文化建设，将其作为质量保障的基础保障。

---

① 教育部关于加快建设高水平本科教育 全面提高人才培养能力的意见. 中华人民共和国教育部政府门户网站. http：//www. moe. gov. cn/srcsite/A08/s7056/201810/t20181017_351887. html

② 教育部关于深化本科教育教学改革全面提高人才培养质量的意见. 中华人民共和国教育部政府门户网站. http：//www. moe. gov. cn/srcsite/A08/s7056/201910/t20191011_402759. html

③ 教育部关于印发《普通高等学校本科教育教学审核评估实施方案（2021—2025年）》的通知. 中华人民共和国教育部政府门户网站. http：//www. moe. gov. cn/srcsite/A11/s7057/202102/t20210205_512709. html

第一节 质量文化的内涵阐释

"质量文化"的概念是随着世界范围质量管理的实践发展而来，源于20世纪80年代的美国。美国管理学教授朱兰认为：质量文化是人们产生的与质量有关的习惯、信念和行为模式。[①]高等教育领域对质量文化的研究最初源自企业质量文化。所谓企业质量文化是以质量为核心因素，体现为融合了质量意识、规范、管理艺术等在内的一种精神文化。随着世界范围内高等教育质量保障运动的兴起以及公众对高等教育质量问题的持续关注，人们希冀通过"技术路线"向"质量文化"的转向，来探索持续提升高等教育质量的途径。[②]

从20世纪90年代中期开始，我国高校广泛开展了质量评估和专业认证工作，毋庸置疑的是评估工作对推动人才培养质量的提升方面确实产生了积极的影响，但是，它在质量保障中的作用也不宜过分夸大。评估作为高等教育质量保障体系的一种方式，其实质就是将高等学校的人才培养活动分解为不同的环节，并建立每个环节的质量指标体系、质量标准和计分方式，明确测量和评估的步骤、程序及方法，以此为技术路线，就可以对高等学校的人才培养过程和效果进行绩效分析或质量研究，从而给予优劣好坏等评价。客观上来说，这种程序化、规范化和技术化的方法有其积极的作用，然而，实践中也确实出现了一种"技术至上"的倾向，人们过分关注了质量保障的技术与方法，忽略了高等教育的人文本性，显然是非理性的。因此，为了持续地提高高等教育质量，需要从理论上重新审视高等教育质量保障及其实践，寻找提高高等教育质量的新的可能性。这种新可能性，就是从质量保障走向质量文化，就是克服单纯的技术性与程序异化，回归高等教育的人文本性。"要改变长期以来高等教育质量

① 约瑟夫·M.朱兰，等.朱兰质量手册[M].北京：中国人民大学出版社，2003.724.
② 朱永江.质量文化：高校内部质量保障体系建设的灵魂[J].现代教育科学，2012（07）：98-101

保障的外在性和技术性，使质量管理和质量保障真正成为国家、社会、高校以及师生等每一质量主体的内在成长的需要，成为质量提升的内在动力，换言之，就是要唤起每一主体的质量意识、质量责任、质量态度和质量道德。质量文化一经形成，就会变成稳定的民族品格，建设高等教育强国将指日可待。"①

若要准确地把握质量文化的内涵，需要科学地揭示质量的内涵。正如菲利普·克劳士比在《质量免费》一书中指出："长期以来，人们都认为质量就意味着好、奢侈、光亮或者分量。然而，质量并不是一种衡量产品优劣的标准，不能用普通、很好、非常、优越等词来形容。质量意味着符合要求，即符合客户与市场的客观要求，而不是企业自己主观定义的'好'。"②质量内涵的这个界定对我们深刻理解高等教育质量文化具有启发意义。高等教育对于质量的认识经历了从最初的"质量控制""质量管理"等技术性、控制性认识，再到今天的"质量是追求卓越""质量是自我持续改进"等发展性认识的转变。③这个转变也体现了对质量内涵的深刻理解。

关于高等教育质量文化的内涵，我国学者从不同角度进行了诠释。丁晓昌认为"高校质量文化是高校在长期的教育教学实践中，自觉形成的涉及质量空间的价值观念、意识形态、思维方式、道德规范、规章制度及传统、习惯等"软件"的总和"④。王建华提出"'质量本身就是一种文化'，指在质量管理的过程中，关于质量的意识、道德、行为、制度、责任感以及价值观等，要想真正促进质量的持续改进，最终必然要综合为一种文化现象，即质量文化"⑤。王姗姗认为"高等教育质量文化是指在独特的高校文化背景下，在长期的教育质量管理实践活动中，高校群体为实现高等教育质量发展目标而共同遵循或认可的以质量为核心的观念体系、思维方式和行为模式"⑥。别敦荣认为"高等教育

① 刘振天.为何要提"高等教育质量文化"[N].光明日报，2016-06-07
② 〔美〕菲利普·克劳士比.质量免费[M].杨钢，林海，译.北京，中国人民大学出版社，2006：20
③ 邬大光.高等教育：质量、质量保障与质量文化[J].中国高教研究，2022（09）：18-24
④ 丁晓昌.高等教育质量保障体系研究[M].南京：江苏教育出版社，2008：15
⑤ 王建华.高等教育质量管理：文化的视角[J].教育研究，2010（02）：57-62
⑥ 王姗姗.刍议高等教育质量文化[J].教育探索，2011（07）：21-23

质量文化是围绕高等教育质量所形成的理念、信念、价值及由此所衍生和发展起来的相关制度、行为、习惯、物化载体等的有机体"[①]。邬大光提出"质量文化是教师、学生、管理人员及各种利益相关者从心理和文化上对质量的高度认同，并在行为上从制度约束内化为行动自觉，使其发挥出比制度约束更有效的作用。同时，质量文化的建立是大学对自律性的坚守，而大学自律性的坚守就是当下人们说的办学定力"[②]。

梳理上述观点，尽管学者们对高等教育质量文化的内涵和外延有不同的观点，但是结合高校质量文化建设的实践来看，总体上认为，质量文化既是一种观念，又是一种物质形态，是在高校质量建设过程中逐渐积累形成的关于质量的观念、规范、制度、行为习惯等的总和，是学校办学理念、办学目标、学校传统、校风校貌的综合体现。具体包括内隐的观念文化和外显的物质文化、制度文化、行为文化等内容。[③]

学校观念文化是学校绝大多数成员在长期教育实践活动中形成的关于质量的价值取向、道德观念、审美情趣、思维方式等，是外化于行、内化于心的质量观，体现了学校总体的质量追求及质量品质，这是学校质量文化的核心部分。[④]观念文化对学校物质文化、制度文化和行为文化的建设具有引导作用，既是质量文化的核心内容，也是质量文化建设的根本目标。

物质文化是学校中可被感知、可视的物质实体，包括学校校舍的建筑风貌、校园环境等，其建筑风格、环境样貌体现着学校的质量管理的理念和价值取向，蕴含着一所学校内在的精神品质和文化气质。

制度文化是学校围绕人才培养过程建立的各种准则和规范的总和，是学校对教职员工质量行为和组织行为产生规范性、约束性影响的规范文化。[⑤]包括为达成质量目标而制定的相关制度、规范、规则以及质量评价、考核与激励制度

---

① 别敦荣. 高等教育质量文化及其建设策略[J]. 高等教育研究，2021（03）：7-16
② 邬大光. 高等教育：质量、质量保障与质量文化[J]. 中国高教研究，2022（09）：18-24
③ 范国睿. 多元与融会：多维视野中的学校发展[M].北京：教育科学出版社，2002：205-207
④ 顾书明. 论高师院校质量文化体系的构建及"教育"品质的提升[J]. 江苏高教，2007（04）：30-32
⑤ 朱永江. 质量文化：高校内部质量保障体系建设的灵魂[J]. 现代教育科学，2012（07）：98-101

等文本，这些制度已经落实到教育教学的各个环节和师生员工的行为活动中，旨在协调人才培养活动中的各种关系、规范师生及管理行为。

行为文化是教师、学生及教学管理人员在人才培养活动实践中养成的行为模式和行为习惯，这种行为模式和习惯是在学校制度的引导、约束和环境熏陶下形成的，渗透着学校的教育价值观、质量观，是学校制度文化效果的显现和引申。

第二节　新建地方本科师范院校质量文化建设存在的问题

从国内外高等教育发展的实践经验来看，高校在持续提升人才培养质量上，要在重视师资力量、硬件水平、制度政策等保障条件的基础上，更加强调内生性的质量文化因素的价值和作用。对于新建地方本科师范院校，不仅要解决升本、转型发展和规模扩张带来的诸多问题，还要解决内涵建设思路不清、办学支撑乏力的根本问题。学校要充分认识到质量文化建设对内涵建设与质量提升的重要意义和价值，深入查找和分析质量文化建设中的不足和短板，为学校高质量发展提供思路。

一、理念与行为在质量文化建设中的错位

"以教学为中心"是所有大学应秉承的文化理念，但是新建地方本科师范院校在人才培养的具体实践中，有些学校为了在学科建设上尽快"追赶""上层次"，往往沿袭其他高校的做法，重科研轻教学，在利益分配和评价上向科研倾斜，导致很多教师将主要精力投入在科研任务上，虽然不能否认，科研对教学的促进作用，但是没有精力和时间保证的教学工作，其质量势必大打折扣。

"学生中心、产出导向、持续改进"的师范专业认证理念还没有从根本上得到贯彻落实。近些年，在专业认证工作推进过程中，一些院校为了顺利通过认证，花大力气进行各种文案的撰写、表达与修饰，注重对学生及利益相关方满意度的结果举证，对"认证在于推动专业建立面向产出的质量评价机制"的认

证目的认识不到位，对结果如何用于"持续改进"的思考不多。人才需求调研不充分，人才培养与基础教育需求脱节。质量评价中重结果轻过程现象比较突出，评价结果没有很好地运用于质量的持续改进。

二、教师与学生在质量文化建设中的缺位

质量文化建设的前提是高等教育质量的各利益相关者围绕质量提升而形成质量利益共同体。[①]教学过程是知识传授、能力培养和品德养成的过程，其效果是教师、学生、管理人员协调配合、共同努力的结果，这三者以不同的角色，担负不同的任务，一起构成了学习共同体。教学质量文化是学习共同体所有成员共同遵守的质量规则和意识，在长期的教学实践中，师生围绕提高教学质量这个主题共同付出的努力，通过积淀、升华逐步形成一个大学具有特色的教学质量文化。[②]

新建地方本科师范院校在升本和转型的初期，主要的精力在学科专业的规范化建设和制度化建设上，质量文化建设还没有渗透到办学治校的理念中，质量文化意识还比较淡漠。学校质量管理注重程序化、技术化、标准化、规范化手段的运用，对教师的教和学生的学缺乏人文性管理。在学校教学质量文化建设的顶层设计、战略规划、制度建设和实施方案等方面，管理人员成为主要制定者和参与者，而教师和学生的作用往往被忽视，教师和学生多处于服从和执行的地位，教师和学生在教学质量文化建设中的主体地位没有凸显，参与质量文化建设的积极性没有得到充分调动，致使学校的办学理念和质量观念没有完全内化为教师的教学行为和学生的学习行为，教师和学生对教学质量文化建设的目标、任务和使命缺乏责任感和使命感。

三、师范特色在质量文化建设中的弱化

师范院校的本质特性就在于其"师范性"，它是师范院校在人才培养过程中

① 张应强. 高等教育质量建设：创新体制机制与培育质量文化[J]. 江苏高教，2017（01）：1-6
② 周克印，孙彩云.基于行业精神的高校教学质量文化建设研究[J].教育评论，2021（12）:70-76

所形成的人才培养理念、信念与价值，以及在此理念引领下建立的相关制度、精神观念、行为习惯和物化载体的综合。师范性的特性决定了学校质量文化建设必然要体现"师范性"这一品质，这种品质渗透在学校的教育思想、办学理念、教育价值观、质量观以及教育规范体系之中，它是形成学校办学特色的内隐性和持久性的力量。新建地方本科师范院校的质量文化建设，不应忽视这一内生性因素。但是，在新建地方本科师范院校的办学实践中，随着规模化和综合化的发展，"师范教育专业边缘化""师范专业生源质量不高""师范生教师职业意识不强，学科基础薄弱，中小学教学工作适应能力较差""去师范性""师范性与学术性之争"等成为较为突出的问题。为此，有学者针对性提出"回归师范教育本色……'师范院校转型为综合院校'的趋势应该予以禁止，师范院校的一切活动必须围绕师范展开，培养教师是师范院校的唯一办学定位和教育目标"[①]。新时代，新建地方本科师范院校强化内涵建设，突出师范特色，培育融合师范性的质量文化是解决师范教育内源性问题的主要途径。

四、质量保障在质量文化建设中的乏力

新建地方本科师范院校人才培养质量保障"技术化路线"并非是不必要的。但是，在以评估和认证等为主的质量保障范式下，一般注重对产出结果的评估，可观测性和可视化常常作为评价的关键，而教师的育人观念、师生关系、教师教学过程中的情感投入、学生专业学习的态度等隐性指标和渐进性的变化在人才培养质量评价中往往被忽略，而这些被忽视的因素，恰恰是专业发展和人才培养质量提升的主要驱动力，也是一名师范生成长为一名合格教师的重要因素。重视评价结果举证的做法，使得高校在对评价结果的运用上，往往重视师资、办学条件等方面的充实与完善，重视相关制度建设，在实施中通过细化工作任务、纳入考核等方式来落实，同时采用监控和督查技术与手段，确

保教师与学生活动的程序化、精致化，这实际是对师范专业发展的技术化理解，追求的是一种外在控制力量的胜利。[①]

需要强调的是质量文化本身并不反对质量保障的"技术路线"从外部对质量提升的促进作用，而是侧重从人才培养活动过程本身来考虑质量提升的可能性，追求的是一种内部生成的质量状态，它只是克服了质量保障的强干预性和强控制性的固有缺陷，强调对师范专业人才培养活动从观念文化的层面进行内在的、深刻的、持久性的思想理念引领。

第三节　新建地方本科师范院校质量文化建设的涵养路径

质量文化建设是一项系统工程，主要涉及理念、制度、行为等方面，是一项长期的涵养过程。党的二十大报告中，将"培养高素质教师队伍"作为建设教育强国的重要内容，以为地方基础教育培养高素质师资的新建地方本科师范院校，必须担负起这一历史的崇高使命，保证人才培养质量，展现责任担当，主动回应地方基础教育需求，建设和发展与时代要求相一致的高等师范教育质量文化。

一、质量文化建设培育路径

（一）强化全员质量文化建设的意识

教育质量意识体现在教师自觉提高教育教学质量、管理人员努力做好教育质量管理工作、学生自觉投入学习精力保证学习效果等方面。在教育工作实践中，要使全体成员认识到质量是"生产"出来的，不是"检查"出来的，每个人处于质量生成的不同环节，承担不同的责任和使命，通过广泛的质量意识和质量危机教育活动，转变全体成员的质量观，塑造关于教育的思想、理念、价

[①] 朱江华. 质量文化：地方师范院校师范专业发展的内生性建构思路探讨[J]. 当代教育论坛，2022（05）：68-77

值观、质量观等"教育"品质。

对学校领导而言，在其领导管理活动中要体现"质量至上、追求卓越"的管理理念，凝心聚力"学校高质量发展"的共识，明晰富有特色和个性的学校发展思路，组织制定突出"师范性"培养的学校发展规划、制度和相关政策；积极推动建立体现高水平的"教育"及"教育研究"品质的领导管理队伍；在领导管理行为中能体现出强烈的文化建设意识，大力倡导和推动学校质量文化建设。[①]

对教师而言，肩负文化传承、人才培养的重要责任，要重视广大教师文化素养、学术素养、教育教学素养等综合素养的培养和提升，并努力促进教师群体在教育教学实践中创新能力和水平的提升，并促使教师群体多元人生价值的充分实现。在教师群体文化建设中要重视教师的"教育能力"及"教育研究"品质的增强和持续提升，不断提高教师群体的综合教育素养。

对学生而言，要让学生充分认识到教师教育专业品质和专业发展前景，增强教师职业认同感和责任感，并努力让学生按专业培养目标的要求各得其所、各展所长，让学生在学校特有的"教育"文化氛围中陶冶"教育"品质。

对管理者而言，要善于经营、培植、管理组织文化，为不断提高服务质量提供坚实的文化支持，通过无形的文化力量来提升学校的教育质量和服务质量。[②]通过高质量组织文化的培植、经营和全面塑造，形成充满活力、合力、创造力和竞争力的组织体系。

（二）树立以学生为中心的高等教育质量核心价值

任何质量文化都包含理念、信念和价值等精神层面的内容，正是这些决定了质量文化的性质和表现方式。[③]师范专业认证强调"学生中心，产出导向，持续改进"的认证理念，彰显了学生是高等教育质量核心的价值判断和理念，毋

① 顾书明.论高师院校质量文化体系的构建及"教育"品质的提升[J].江苏高教，2007（04）：30-32
② 张海军.试论高校质量文化的价值与构建[J].教育探索，2010（08）：13-15
③ 别敦荣，易梦春.高等教育质量文化及其建设策略[J].高等教育研究，2021（03）:7-16

庸置疑，一切高等教育质量及质量文化最终都要在学生身上得到体现。坚持以学生为中心，应该成为高等教育质量文化建设的基本原则。遵循学生中心原则，意味着高等教育质量文化建设必须落实学生主体地位，满足学生发展需要，构建服务学生全面发展的人才培养体系，以学生的学习成效作为教学质量评价的标准。落实学生中心原则，体现为高等教育政策、行动都要以学生为中心，将学生中心原则与国家发展战略需要和经济社会发展需要有机结合起来，以凸显学生作为高等教育价值主体的核心地位。

在新建地方本科师范院校的人才培养实践中，要落实学生中心理念，在学校办学定位与发展愿景规划、学科专业建设、课程教学改革、办学条件改善等方面要体现为学生全面发展服务、提高学生发展质量为理念，建立以学生为中心的办学体系，着力解决学生学习认知和信念、学习方法和行为以及学习成效问题。落实"学生中心"地位应该成为质量文化的核心价值。

（三）突出师范性，培育教师教育品质文化

2018年《中共中央 国务院关于全面深化新时代教师队伍建设改革的意见》中明确指出："师范院校评估要体现师范教育特色，确保师范院校坚持以师范教育为主业，严控师范院校更名为非师范院校。"[①]作为培养未来教师的新建地方本科师范院校，坚守教师教育主业主责，突出师范性，培育教师教育品质文化，体现教师教育特色是新时代高等教育高质量发展的必然要求。

所谓"品质文化"是指组织内部成员坚守的文化理念、严格守护的行为准则，以至于发展成为一种习惯性的观念性认识和习惯性的行为倾向，表现为意识上的普遍自觉，思想上的深刻认同，行为上的惯性依循。[②]目前，在师范院校不断倾向综合化、专业化、大学化的背景下，师范教育需要解决"去师范化""师范专业边缘化"的危机，回归师范性，利用师范性品格来引导教师教育的发展，保持师范教育传统优势和特色无疑具有重要意义。

---

① 中共中央、国务院.关于全面深化新时代教师队伍建设改革的意见_中央有关文件.中国政府网.http：//www.gov.cn/zhengce/2018-01/31/content_5262659.htm
② 严欣平，王光明.地方本科院校教学质量保障体系研究[M].重庆：西南师范大学出版社，2016：262

关于"师范性"的内涵，有学者提出"师范性大多是指强化培养教师的一些特殊课程，如教育学、心理学、教学法、教育见习与实习等；强化教师必须具备的基本技能技巧，如普通话、板书等；组织管理能力和特长培养等"①。"师范性主要是指培养教师的教育专业性以解决'如何教'的问题"②"师范性是一切教师教育现象，包括教师教育的机构、制度、课程、活动等中蕴含的共同特征与本质属性，是主宰师范教育的灵魂与内核。"③

融合学者们观点，所谓"师范性"是师范院校在培养师范生从教能力、教学研究能力、课堂变革能力等方面体现出来的特有路径和方法，以及蕴含其中的教师教育情怀。这种情怀是师范生主观上愿意从教且乐于从教的精神动力。因为情感的力量是人活动的内在动力，具有定向性、习惯性、常态性、稳定性等优良品质。只有根植于知识学习、能力培养、态度养成、价值观塑造等方面深厚的教育情怀，才能形成真正持久的职业热爱。因此，在新建地方本科师范院校的人才培养实践中，一是要强化教育情怀培养，将其落实到课程实施、师生关系、课堂教学、招生就业等各个工作环节中，培养师范生积极的情感、端正的态度、正确的价值观，使学生具有从教意愿，认同教师职业的意义和专业性；二是注重创设教育情怀培育的环境，不断增强师范生的教师职业荣誉感和使命感；三是紧抓教育实习与见习机遇，紧密联系基础教育实际，加强师范生实践体验，推动情感培养落地。

二、新建本科地方师范院校的质量文化培育的探索

教育是以促进人的发展为核心组织的一系列活动构成的连续性过程，学校质量文化就是在这个"过程"中孕育、诞生并不断成长起来，它绝不是学校领导的一次"重要讲话"、一份"重要文件"或是一次"重要活动"，而是体现为学校全体成员彰显质量意识的稳定行为方式和习惯，因此，只有经过长期的培育涵养，具有学校特色的质量文化才能真正扎根、发芽、开花、结果。以下部

① 叶澜.一个真实的假问题——"师范性"与"学术性"之争的辨析[J].教师教育研究，1999（02）：11-17
② 袁振国.教育原理[M].上海：华东师范大学出版社，2001.167
③ 陈建国.论教师教育的师范性及其培育[J].陕西教育（高教），2018（11）：32-33

分对成都师范学院的质量文化培育实践探索进行介绍。

成都师范学院在六十多年的教师教育办学历程中，由师而立，因师而兴，依师而强，以师为荣，立足教师职后培训的传统优势，聚焦教师教育主业，坚持需求导向，建立了服务四川中心城区、农村地区及民族地区的学前教育、基础教育和职业教育的师范生培养体系。学校坚守"办学以育人为本，注重立德修身；学生以读书为本，注重勤学苦练；教师以教学为本，注重言传身教"的大学之道，坚守师范性，着力特色鲜明的教师教育质量文化建设。围绕师范生核心素养，构建了"师德养成—师能培育—师知传承"的"三维一体"师范生培养模式，强化师范生实践能力培养。培育了师德养成与人才培养过程、教师职前培养与职后培训、信息技术与教育教学有机融合的"三融合"办学特色。

（一）坚持产出导向，构建"三维一体"人才培养模式

学校紧密对接基础教育一线需求，对标教师教育标准要求，围绕师范生核心素养要求，明晰品德、知识、能力三个维度内容及作用（如图7-1所示）。坚持产出导向，落实"一践行三学会"，构建了"师德养成—师能培育—师知传承"的"三维一体"师范生培养模式，并将其在人培方案中一体化设计、在教学中一体化推进、在顶岗支教和教育实习中一体化实践。

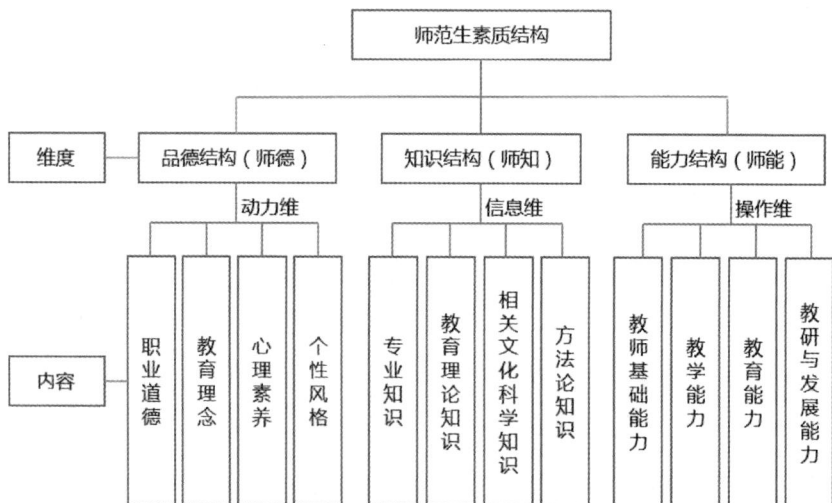

图7-1 "三维一体"师范生素质构成

大学四年分阶段实施师范生教学基础能力—教学能力—教育能力—教研与发展能力"四项能力"培养（如图7-2所示）。根据四项能力培养要求，构建能力训练体系，包括明确各项能力训练内容、编撰相应训练教材、开设训练课程、对各项能力达成情况进行测评、强化"校—院系—班级"三级训练管理等具体内容。通过扎实的训练过程，有效促进了师范生职前从教能力的发展，为学生后续进入教育实习环节奠定了良好的基础。

图7-2　师范生教育教学能力构成

（二）强化实践取向，促进师范生从教能力养成

推进"阶梯递进、理实一体、四年一贯"的实践教学体系建设，构建了贯通四年不断线、从单项到综合的师范生"三习"实践训练模块；强化"观摩—评价—体验—创新"的师范生能力训练过程，建立了"教育实习（顶岗实习）+成果展示+反思研习"的18周教育实践教学体系（如图7-3所示）。加强"三字一画"、微格教学、信息技术应用等能力训练，强化"一践行三学会"的实践体验，不断提高师范生从教技能。

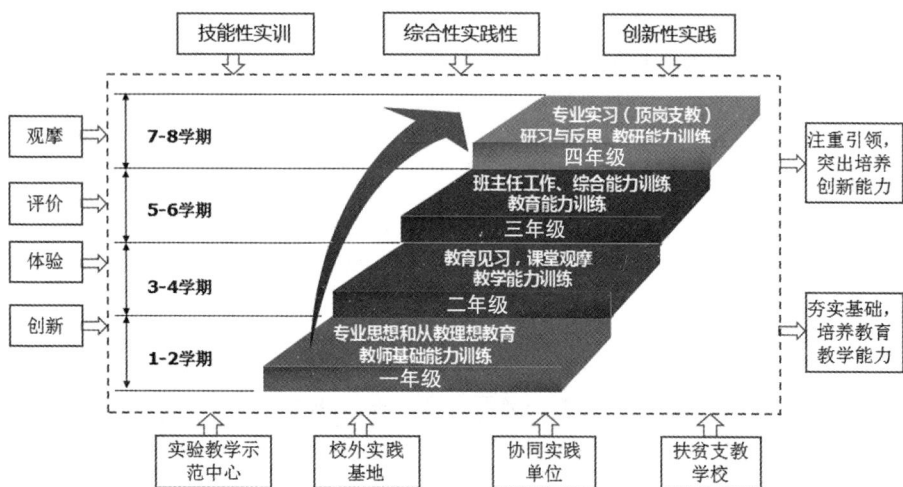

图7-3 师范生教育实践教学体系

（三）坚持"师德第一"标准，推进师德养成与人才培养过程有机融合

坚持将"师德养成"教育贯穿于人才培养的全过程，贯通第一、二课堂，形成了"立德—融通—践行—内化"的师德养成体系。构建"设置五个模块，建设五个载体，凸显五种功能"的师德养成教育模式（如图7-4所示）。[①]在人才培养过程中，设置课堂教学、主题活动、实践践行、环境文化和过程评价五个教育模块，将师德养成教育贯穿于每个模块之中。课堂教学作为师德培养主导载体实现渗透功能，主题活动作为辅助载体实现辅助强化功能，实践教学作为师德践行载体实现体验功能，环境文化作为文化载体实现熏陶功能，过程评价作为培养效果测评载体实现检验功能。[②]根据师范生培养目标与毕业要求，将师德明晰为可观察的教育教学目标，落实在课堂教学和课外活动之中。结合暑期社会实践活动、顶岗支教等内容，着力培养师范生的教师职业认同感、职业荣誉感和使命感。

① 赵敏.加快发展师范教育，着力强化队伍建设[J].四川教育，2019（01）：21-22
② 陈宁.西部新建本科院校整体转型发展中办学定位的探索与实践——以成都师范学院为例[J].成都师范学院学报，2018（10）：1-10

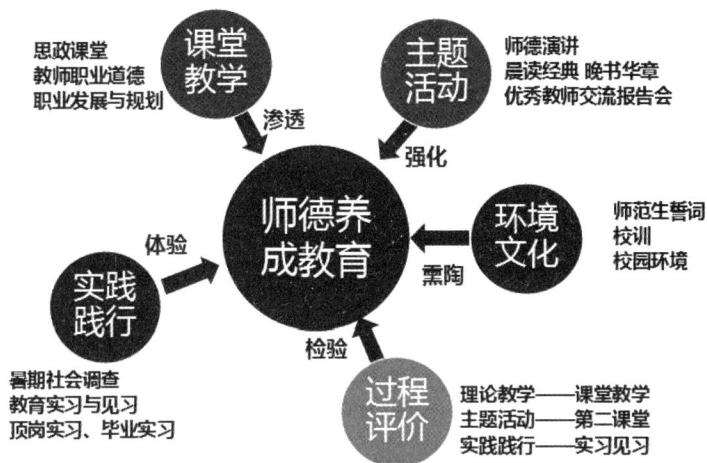

图7-4　师范生师德养成体系

（四）立足教师教育传统优势，推进教师职前培养与职后培训有机融合

　　坚持职前培养支撑职后培训、职后培训反哺职前培养。采用"请进来、走出去"的办法，制定青年教师深入基础教育一线实践锻炼的政策，使教师熟悉中小学一线情况；同时，依托国培、省培项目遴选一线名优教师，建立专业发展首席专家工作坊、名师工作室，邀请中小学名师来到高校，作为师范生培养兼职教师，参与师范生培养。运用职后培训的经验优化职前的人才培养方案，将职后培训的优势和教学资源充分应用于职前培养，根据职后的职业需求来指导职前培养，推进职前人才培养模式的改革。[①]积极开展校地合作，借助职后培训项目的开展，加强实践基地建设，实现师范生实习实训基地与职后培训基地共建共享。

（五）对接基础教育信息化需求，推进信息技术与教育教学有机融合

　　学校紧密对接基础教育信息化发展需求，落实"互联网+教师教育"创新行动计划，积极推进教学信息化建设。遵循"以协同创新突破瓶颈、以应用驱

[①] 蒋生文，陈强. 成师之旅：以融合的姿态实现更高价值[N].中国教育报，2018-11-30

动加强建设、以深度融合变革教学、以提升能力优化服务"思路，建立了政府支持、校企合作、资源共享的UGSE（高校—政府—中小学—信息技术企业）协同模式，不断加强信息技术基础设施建设、智慧教学示范区建设以及网络课程的开发与应用等。以提高师范生信息技术素养和应用能力为目标，实施"教师之师"先锋团队计划，不断提升教师信息技术能力。强化信息技术的广泛应用，建立了信息技术与教学管理、信息技术与课程建设、信息技术与教学方式改革、信息技术与学业评价、信息技术与中小学应用、信息技术与校企合作深度融合的体系。依托四川省教育信息化应用与发展研究中心，联合省内外中小学校、职业学校，牵头成立了四川智慧教育联盟和成都智慧职教联盟，推动了基础教育和职业教育信息化发展。

参 考 文 献

[1] 叶澜. 教育概论[M]. 北京：人民教育出版社，1991.

[2] 潘懋元. 新编高等教育学[M]. 北京：北京师范大学出版社，2002.

[3] 陈玉琨. 教育评价学[M]. 北京：人民教育出版社，1999.

[4] 陈玉琨，代蕊华，杨晓江，等. 高等教育质量保障体系概论[M]. 北京：北京
    师范大学出版社，2004.

[5] 陈玉琨. 发展性教育质量保障的理论与操作[M]. 北京：商务印书馆出版，
    2006.

[6] 史秋衡，吴雪，王爱萍，等. 高等教育大众化阶段质量保障与评价体系研究
    [M]. 广州：广东高等教育出版社，2012.

[7] 贺祖斌. 高等教育大众化与质量保障：高等学校教学质量保障体系的建构与
    实践[M]. 桂林：广西师范大学出版社，2004.

[8] 安心. 高等教育质量保证体系研究[M]. 兰州：甘肃教育出版社，1999.

[9] 孟凡芹. 高等教育人才培养质量标准体系[M]. 北京：科学出版社，2019.

[10] 伯顿·克拉克. 高等教育新论——多年学科研究[M]. 王承绪等，译. 杭州：
    浙江教育出版社，2002.

[11]方明，谷成久. 现代大学制度论[M]. 合肥：安徽大学出版社，2007.

[12] 苏明. 现代大学制度建设：理论与实践探索[M]. 上海：上海大学出版社，
    2017.

[13] 梁迎春，赵爱杰. 高等教育管理与质量评价研究[M]. 西安：西安交通大学出
    版社，2017.

[14] 梁育科，苟灵生，王兴亮. 高等院校内部教学质量保障体系研究与实践[M].

西安：西安交通大学出版社，2017.

[15] 赵光锋.地方本科院校应用型人才培养评价体系研究[M].北京：中国水利水电出版社，2019.

[16] 薛明明，张海峰.高校教学管理及教学质量保障体系的建设与探索[M].北京：九州出版社，2019.

[17] 侯小兵，张继华.理解与行动：高等教育质量建设研究[M].成都：四川人民出版社，2015.

[18] 严欣平，王光明.地方本科院校教学质量保障体系研究——以重庆科技学院为例[M].重庆：西南师范大学出版社，2016.

[19] 余小波，刘潇华，张亮亮.我国高等教育质量保障的发展与评析[J].高等教育研究，2020（02）：36-44.

[20] 苏永建.高等教育质量保障的历史演进、全球扩散与发展趋势[J].高等教育研究，2017（12）：1-11.

[21] 毛立伟.历史嬗变与路径重构：我国高等教育质量保障体系百年演进探究[J].海南师范大学学报（社会科学版），2021（05）：62-69.

[22] 张应强，苏永建.高等教育质量保障：反思、批判与变革[J].教育研究，2014（05）：19-27.

[23] 陈新忠，李保忠.比较视域下高等教育质量保障的国际经验与启示——基于UNESCO、OECD、EU政策文本分析[J].现代教育管理，2021（01）：113-120.

[24] 付娟，陈廷柱.高等教育质量保障的焦点问题及新趋向——"2015年两岸高等教育论坛"综述[J].高等教育研究，2016（01）：106-109.

[25] 赵炬明.超越评估（上）——中国高等教育质量保障体系建设之设想[J].高等工程教育研究，2008（06）：39-49.

[26] 赵炬明.超越评估（下）——中国高等教育质量保障体系建设之设想[J].高等工程教育研究，2009（01）：50-58.

[27] 袁伟. 高等教育质量保障的三维度分析[J]. 教育探索，2014（01）：24-26.

[28] 黄福涛. 高等教育质量保证的国际趋势与中国的选择[J]. 北京大学教育评论，2010（01）：114-124.

[29] 李素敏，陈利达. 加拿大高等教育质量保障：动因、体系、特征与趋势[J]. 高校教育管理，2017（06）：109-116.

[30] 李作章. 国外高等教育质量保障：动力、特点与启示[J]. 黑龙江高教研究，2019（07）：87-90.

[31] 刘子云，刘晖. 论高等教育质量保障现代性：表征、冲突及其反思[J]. 黑龙江高教研究，2019（10）：57-64.

[32] 王新凤，钟秉林. 欧洲高等教育区质量保障的发展趋势与经验借鉴[J]. 中国大学教学，2017（12）：84-90.

[33] 余小波，陆启越. 潘懋元高等教育质量保障思想探析[J]. 高等理科教育，2015（05）：34-39+7.

[34] 钟秉林. 普及化阶段我国高等教育质量保障体系的构建[J]. 河北师范大学学报（教育科学版），2020（02）：1-3.

[35] 杨尊伟. 西方高等教育质量保障思想探析[J]. 山东高等教育，2020（04）：26-32.

[36] 钟勇为，缪英洁. 新中国高等教育质量保障政策范式变趋与思考——基于1949—2019年政策文本的分析[J]. 教育发展研究，2020（07）：29-35.

[37] 袁益民. 也谈教育质量及其保障[J]. 上海教育评估研究，2012（02）：29-32+38.

[38] 刘膺博. Martin Lockett. 英国高等教育质量保障制度：起源、演变与发展趋势[J]. 现代教育管理，2020（07）：116-122.

[39] 柏昕，林永柏. 关于高等教育质量标准若干问题的探讨[J]. 现代教育科学，2012（06）：31-36.

[40] 顾永安. 试论应用型本科院校教学质量标准制定的依据与要求[J]. 中国大学教学，2010（06）：12-16.

[41] 吕红.高等教育质量标准体系适用性评价研究[J].教育学术月刊，2016（11）：81-88

[42] 国兆亮.我国高等教育质量标准的基本认识与框架设计[J].现代教育管理，2020（12）：72-78

[43] 程序.美国高等教育内部质量保障机制及其启示[J].江苏高教，2016（02）：149-151

[44] 杨洋.美国高等教育质量保障机制与中国高等教育发展[J].黑龙江高教研究，2014（01）：49-52

[45] 刘献君.论高等学校制度建设[J].高等教育研究，2010（03）：32-39

[46] 邬大光.现代大学制度的根基[J].现代大学教育，2001（03）：30-32

[47] 李功强，孙宏芳.高校规章制度：问题、分析与建议[J].清华大学教育研究，2005（05）：59-62+73

[48] 张大良.把握"学校主体、地方主责"工作定位积极引导部分地方本科高校转型发展[J].中国高等教育，2015（10）：23-29

[49] 董立平.地方高校转型发展与建设应用技术大学[J].教育研究，2014（08）：67-74

[50] 张振宇.以制度供给侧改革引领地方高校向应用型转型[J].教育探索，2016（10）：40-43

[51] 顾永安.应用本科专业集群：地方高校转型发展的重要突破口[J].中国高等教育，2016（22）：35-38

[52] 俞继凤.高校教学质量监控的系统科学分析[J].国家教育行政学院学报，2005（01）：68-72

[53] 张应强，赵锋.从我国大学评价的特殊性看高等教育评价改革的基本方向[J].江苏高教，2021（02）：1-8

[54] 程向雷.促进质量提升：高校办学监测体系建设的应然要求[J].教育评论，2016（10）：12-15

[55] 贾秀险.英美国家高等教育质量监测与评估实践对我国的启示[J].上海教育评估研究，2015（01）：19-22

[56] 刘振天.完善高等教育评价体系 提升高等教育治理能力[J].大学教育科学，2020（1）：37-42

[57] 钟秉林.新时代高质量高等教育体系的评价导向[J].中国高等教育，2021（01）：1

[58] 钟秉林，王新凤.普及化阶段我国高校教学质量评价范式的转变[J].中国大学教学，2019（09）：80-85

[59] 薛成龙，郭玉婷.欧洲高等教育质量保障的转型发展——基于高等教育质量文化建设的考察[J].中国高教研究，2022（10）：43-52+60

[60] 王建华.高等教育质量管理：文化的视角[J].教育研究，2010（02）：57-62

[61] 别敦荣，易梦春.高等教育质量文化及其建设策略[J].高等教育研究，2021（03）：7-16